私說三國人物

性格決定命運

涂成吉・著

自序

三國是筆者自幼以來的床頭書，隨意開卷，反覆閱讀，每有獨樂其中。三國演義不似正史，因而有更大的書寫想像空間，中國文學史上少有一本書能如三國演義者，書中內容包涵廣泛，除是歷史、文學之作，更涉及政治、軍事、外交、地理的專業，讓人入迷之至，影響之深，是一本可讀、可回味三十年以上享受樂趣的書本；且不同人生階段的再讀，又有不同的感覺與受用。初起，以感情用事，守漢賊不兩立，明辨忠奸；繼而，不以成敗論英雄，以欣賞角度，月旦人物風格；最後，在「是非成敗轉頭空，古今多少事都付笑談中。」淡然與豁達人生之際遇。

如今，提筆加入已是汗牛充棟的三國作品之列，一來是個人心得及願望的實現；二來，與筆者近年來任教大學院校，訝異越來越多的青年學子對中國文學瑰寶如水滸、三國、西遊記等章回小說的認識，竟是在ON-LINE線上遊戲中「啟蒙」（坦白說應是誤導），震撼之餘，深感一良好伴隨成長作品漸逝的可惜，才想以輕鬆的漫談隨筆，特別選取書中五十位的三國人物，藉其生動且最富教育的

「性格」面為導讀，不但有人物品頭論足時，會心的一笑；其中，人情世故的細膩運作，更足為處事成敗之借鏡。常人以「老不讀三國，少不看水滸」，蓋以三國一書帶有濃濃的「厚黑」之學，然這證明蓋以不同角度的觀察，自有不同的結果，三國學問的深度，可翻讀得完，卻是怎麼都研究不完的。

《演義》中之三國年代，是以東漢末年「黃巾之亂」起事為出發以至晉滅吳，一統華夏止，時間長達近一世紀（約西元一八四—二八〇年）。本書純粹以三國演義之內容為限，不作故事虛實的考證或鑽探，看完書中五十人物之品評，足供對三國尚少接觸者起導讀與吸引，作預前引進三國世界浩瀚之服務。即是熟讀者，相信更有同好切磋感懷的樂趣。而書中五十位人物所具性格鮮明，角色多元的特色，耳熟能詳者如：劉備的仁厚、曹操的狂放、孫權的保守、孔明的清廉、關羽的忠義、趙雲的謙謹，這些英雄的內涵，老早默化成我們傳統民族文化的核心價值；而袁紹的氣小、呂布的無信、劉表的懦弱、孫策的急噪，這些負面的性格，也是我們人生多彩內容的重要一部。除此之外，更多埋藏在扉頁下的感情角色：孫尚香的淒涼、姜維的悲壯、譙周的滑頭、楊修的賣弄、華歆的求官失格等，更見生動發省；三國人事的交織複雜，難保疑案不生，如：馬超的沉默、太史慈不許劉備，卻歸孫策所用；翻案者，則有魏延被「反骨」與司馬懿被「狼顧」之相所誣，張昭是反戰而非投降的釋疑，法正的有失氣節、曹植的咎由自取等，都是作者積長久直接之心得、看法，不乏古人今看或借古看今的顛覆討論，希望以更靈活的寫作詮釋方式，「始則轉俗為真，終則回真向俗」的角度，讓歷史與想像交織貫串，激盪讀者對這段歷史有特殊的觀察和體會，帶來新的思考與發現，不同一般三國的老生常譚。

最後，本書之完成，要感謝吾兒——騰的幫忙與意見，每篇人物單元草畢時，他是首先試讀者，他也是三國迷，三國人物與故事常是我們溝通與默契的橋樑，三國知識對他語文與人際有很大的啟示。寫作期間正逢今夏高中基測，我的寫作與他的讀書，成為相互伴隨的共同記憶，如今書畢，騰也以第一志願考上建國中學，作為學長與父親的我，正好就以此書作最佳賀禮吧！

涂成吉　二〇一〇年八月　於內湖

目次

【第二篇】數英雄人物，還看今朝 053

【第三篇】古人今釋 129

【第四篇】三國的奇人與異士 187

【年表】三國歷史大事 235

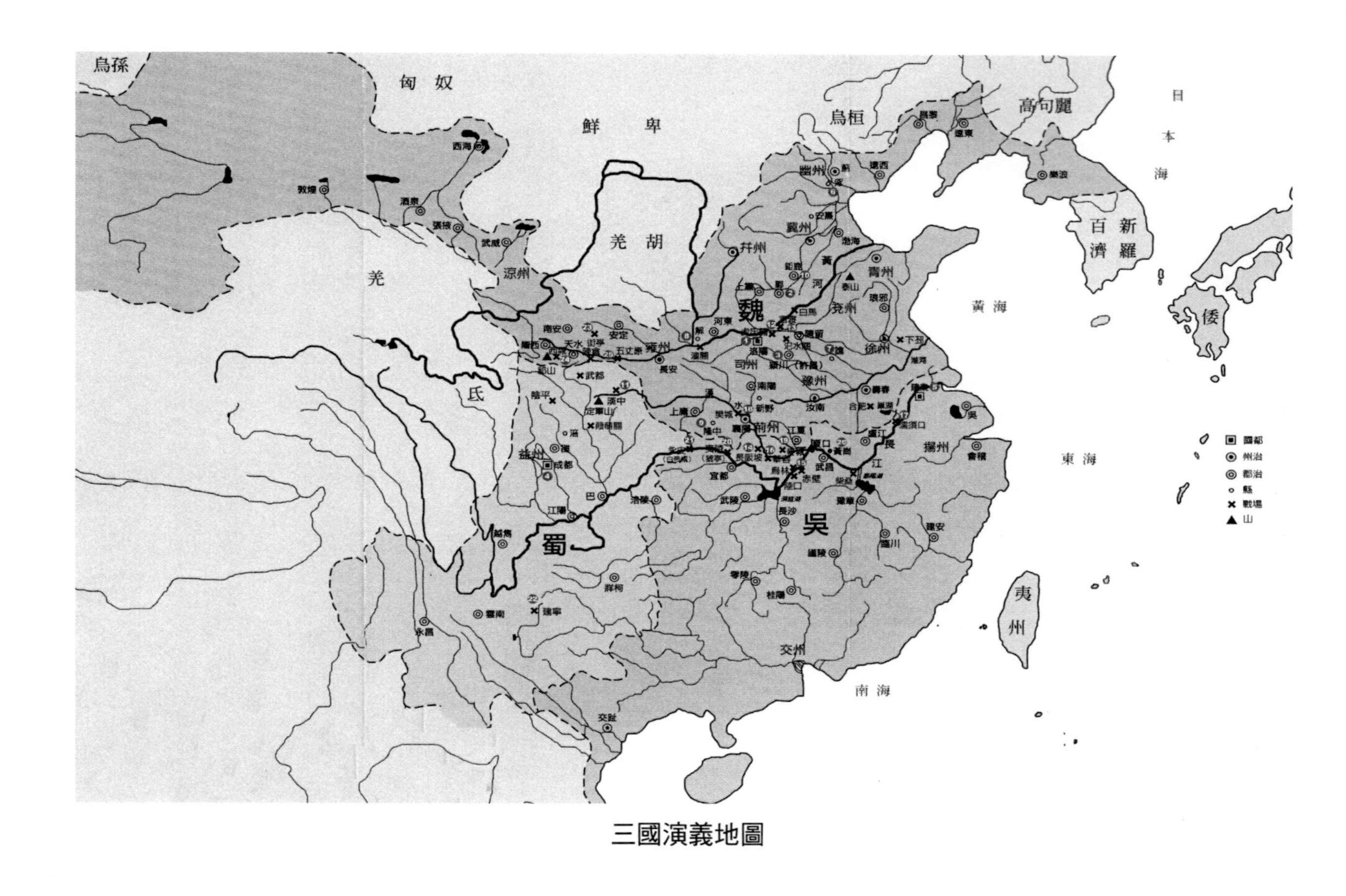
烏孫
匈奴
鮮卑
烏桓
高句麗
日本海
羌胡
羌
氐
魏
蜀
吳
百濟
新羅
倭
黃海
東海
南海
夷州
涼州
幷州
冀州
幽州
青州
兗州
徐州
豫州
司州
雍州
荊州
揚州
益州
交州
長安
成都
洛陽
敦煌
酒泉
張掖
武威
西海
國都
州治
郡治
縣
戰場
山

三國演義地圖

【圖說】

1 東漢首都（曹魏首都——中京）
2 曹魏陪都（北京）
3 曹魏陪都（南京）
4 蜀國首都
5 吳國首都
6 劉備、張飛出身地
7 曹操出生地
8 關羽出生地
9 諸葛亮隱居待出之地
10 太平道張角起義之地
11 五斗米道張魯起義之地
12 反董卓聯軍與董卓軍交戰之地
13 官渡之戰——曹操與袁紹決戰之地
14 長阪之戰——劉備避走曹軍之地
15 赤壁之戰——曹操與劉備、周瑜對戰之地
16 曹操赤壁敗逃之地
17 濡須口之戰——魏國、吳國交戰之地
18 樊城之戰——關羽戰敗之地
19 關羽兵敗被吳斬捕之地
20 夷陵之戰——為關羽復仇劉備戰敗之地
21 劉備去世之地
22 南中平定之戰——諸葛亮南征孟獲之地
23 街亭之戰（第一次北伐）——馬謖兵敗魏軍之地
24 西城之戰（空城計）——諸葛亮對仲達心戰之地
25 五丈原之戰（第五次北伐）——諸葛亮去世之地
26 蘇東坡所遊之赤壁，後人稱文赤壁

【第一篇】

天予之，卻不足取的人物

權力暴發戶——何進、董卓

「董卓狼戾賊忍，暴虐不仁，自書契已來，殆未之有也。」

三國志　陳壽

蓋中國史上，亂世一開，近水樓台如戚、宦者，向是權力暴發之第一機會順位者，宦官受限生理與制度，難於取代大位，所求者不過皇帝恩寵，得保富貴身家；外戚者，接近權力中樞，加上手握重兵，相對強勢，一旦朝廷氣數已盡，呈孤兒寡母態，取而代之，如王莽，也是勢在必行。然外戚，「天予之，卻不得取」之歷史宿命，乃才情與格局明顯不足，「蓋天將降大任於斯人也，必先勞其筋骨，苦

董卓（？——一九二年）

其心志，行拂亂其所為，增益有所不能。」外戚雖有機運，但欠嚴格歷練的過程，有如中大樂透，雖暴得財富，難得長久，未幾，即回原點。

東漢末年至桓、靈帝時，地方黃巾亂起，中央大權也陷入外戚與宦官的鬥爭輪替。何進與董卓於漢家傾積之際，僅因緣際會，得進入權力的層峰，何進並無取代漢室之志，只想與其妹何后保權貴，可說既無才識，也沒膽識，當斷不斷，終被宦官加害，是昧於情勢；與何進婦人之仁較，董卓卻是過頭以「耍狠為王道」，性格違常，集所有殘暴陰邪於一身。兩者之不明、不仁，註定不保身家性命，遑論權勢富貴。三國之世的來臨，以兩人開場，只說明了「將相本無種，男兒當自強。」英雄不怕出身低，成功還是留給準備好的人，只有實力才是王道。

何進出身屠戶，只因妹嫁靈帝，生子辯，封為皇后，靈帝死，辯繼位是少帝，暴發而得握大權，宮廷形成以外戚何進和以宦官張讓為首之「十常侍」於中樞內鬥的局面。然何進本一「屠沽之輩」，遇事猶豫，在誅殺「十常侍」之蹙（音促）頓，以立少帝時，不聽他手下一群激進少壯派軍官——袁紹與曹操力主「斬草除根，今日可乘勢盡誅之。」反從妹何后所言「我與汝出身寒微，非張讓等，焉能享此富貴？」而錯失良機一；待毒殺政敵董太后，袁紹再諫進：「乘此時不誅閹宦，後必大禍。」何進仍從何后「先帝新棄天下，爾欲誅殺舊臣，非重宗廟也。」決定「容後再議」。再失良機二。

凡宮廷之權力內鬥，不論中外，血腥黑暗，豈容二虎，而何進手握重兵，真欲誅宦，直如曹操所言「此事易如反掌，何必多議。」在進退不決，半調子下，何進作出最失誤決策，竟矯詔引進狼子野心的董卓來操刀屠宦，結果讓董卓「割稻尾」，取而代之。

蓋何家兄妹畢竟「屠沽」貧困出身，凡此類者，乍享富貴，不是易得「大頭症」，冒進驕恣；就是滿足現狀，難以割捨，只想一廂情願，作個既得利益者。看來何家兄妹當屬後項，妄將權力比擬市場酒、肉交易，討價還價，這「時與勢」的認識不清，一旦猶豫，則為宦首張讓先發所制，誘入宮中所害，袁紹與曹操當下帶兵入宮，大開殺戒，見宦官就殺，其屠戮之過「多有無鬚者誤被殺死。」局面失控下，這可讓師出有名打著「奉詔」大旗，引西涼兵入京的董卓，得來全不費功夫的掌握了宮廷局面，讓原來的袁、曹是白忙一場。

完全不同於何進風格，董卓行事「當狠不讓」，其權力佈局，一慣採中國朝代末期，婦人孺子當家之時，欺人孤兒寡母，先廢少帝，再找個未成年的帝室之冑登基，最後，連帶何后與少帝母子一併鴆殺，何后臨死「大罵何進無謀，引賊入京，致有今日之禍。」可說是至死不悟；董卓另立獻帝，自己榮登相國，稱「尚父」，自比姜子牙，從此「贊拜不名，入朝不趨，劍履上殿」，大殿之上，不但大搖大擺，不可一世，甚至「每夜入宮，淫亂宮女，夜宿龍床」。

董卓是第二位最有機會進取天下大位者，而他也絲毫不掩此「九五之志」，築郿塢，城郭與京城同厚，僭天子儀丈車隊，高調若此。但此人性格、心理實大有問題，蓋與何進同，董卓以一西涼刺史，一下驟得權位，然就保有權力，董卓卻是絕不委曲求全如何后，反以嗜殺來增加其安全感，董卓所採取的「恐怖統治」，即歷數中國史上暴君所為，大概只有夏桀、商紂可敵，倘假以天時，董卓還極有超越之可能；其無厘頭，董卓堪稱「我是傳奇」，書載竟有董卓「引軍出城時，偶見村民賽會，突發其想，出兵殺之，掠婦女財物，懸首車旁，揚言殺賊大勝而回。」無出其右者，又假洛陽氣數已衰，以遷都長安之名，實則乘機「搜刮洛陽富商，共數千家，插旗頭上，大書『反臣逆黨』，盡斬於門外」，又「驅洛陽數百萬口，前赴長安，每百姓一隊，間軍一隊，互相拖押，使死於溝壑，不可勝數。又縱軍士淫人妻女，奪人糧食，啼哭之聲，震動天地。如有行得遲者，背後軍手執白刃，於路殺人。」搞得首都有如人間煉獄，董卓人格異常，荒謬程度，史書少見。三國志作者陳壽評曰「董卓狼戾賊忍，暴虐不仁，自書契已來，殆未之有也。」

除少數稍有Guts的官員如丁原、伍孚敢起兵、行刺外，在面對一群唯唯諾諾的大臣、諸侯，董卓更是享受讓這群官員活在「誰是下一個?」血腥疑懼之快感，書載：

董與公卿俱飲，常以降卒「斷其手腳、鑿其眼睛，或割其舌，或以大鍋煮之。」作餘興節目，「百官戰慄失箸，卓卻飲食談笑自若」，另或：

「酒至數句，呂布逕入，向卓耳邊言不數句，卓笑曰：『原來如此』，命呂布於筵上，揪司空張溫下堂，不多時，張溫頭入獻。百官魂不附體。卓校笑曰：公等勿驚。張溫結袁術，欲圖害我，故斬之。公等無故，不必驚畏。」眾官唯唯而散。

也就是談笑間，突然部下逕入耳語，當場清算「叛徒」，斬立決，人頭奉上，情節有若電影黑手黨的戲碼，董卓政權已是完全之「西西里化」。

董卓這種暴力違常的統治，帳下除李儒一人頭腦尚清楚外，在外有袁紹、曹操之十七路諸侯聲討，內有大臣壓抑，加上一個有「反噬」而無「反哺」習慣的呂布，下場是腦滿腸肥的曝屍街市，供民洩忿，書載「卓屍肥胖，看屍軍士以火置其臍中為燈，百姓過者，莫不手擲其頭，足踐其屍。」待董卓之部將李榷、郭汜再度挾持天子，欲厚葬董卓，「每入土，天降雷雨，震屍首棺外。」如此反覆三次，董卓之殘暴不仁，可見已至人神共憤，不得入土為安。

人無信，不立——呂布

「呂布有虓虎之勇，而無英奇之略，輕狡反覆，唯利是視。自古及今，未有若此不夷滅也。」

陳壽

呂布（？——一九九年）

三國美男之多首出呂布，出場架勢驚人，全身服飾裝束堆砌，一付明星派頭，宛如名牌精品代言人。呂布自《演義》第五回〈破關兵三英戰呂布〉，初登臺，介紹如下：

「頭戴三叉束髮紫金冠，體掛西川紅錦百花袍，身披獸面吞頭連環鎧，腰繫勒甲玲瓏獅蠻帶，弓箭隨身，手持畫戟，座下嘶風赤兔馬。
果然是『人中呂布，馬中赤兔』。」

初讀《演義》大前段，還真會誤以呂布是拯救東漢亂世的詹姆士龐德（三國還真有龐德此人）。就外貌：儀表非凡，不在話下；論個人武功：在「三英戰呂布」中，即關、張加總，再附一B咖的劉備，亦只能與呂布打平。然一旦看完呂布人生起訖，自「鳳儀亭」到「白門樓」問斬的一生，除《演義》第十六回「轅門射戟」，呂布發揮他百步穿揚之神射，解劉備與袁術之鬥是最精彩有智的表現外，無不嘆呂布是虛有其表，雖有一身絕世武功，腦袋是無半點政治與人情智商；不但性格鬆動，易受挑撥，更糟還會反噬其主，無怪張飛以「三姓家奴」，簡潔有力總結他一路走來，「投主——背主」始終如一的反覆一生。

呂布如能以一武將安身立命，披堅執銳，斬將搴旗，繼之以忠誠氣慨，不論在那一陣營，其功名與歷史定位，當不下關、張。無奈志大才疏，呂布完全是依賴男性最原始本能——「利與色」判斷行事之人，見一主而忘一主，大失風骨，最早服務於丁原，「反噬」症開始發作，殺丁原就於董卓，後殺董卓，浪跡於袁術、袁紹、張揚、張邈，卻都因「反覆不定、傲慢」的性格而鬧翻，成了「三國奧客」，最後，只好找上喜作「公益」的劉備好心收留，但難改症癮，又奪劉備徐州而翻臉。

《演義》第十九回〈白門樓呂布殞命〉，作者羅貫中為凸顯呂布之苟且與忘義，在曹操的白門樓大審，特先堆戲呂布陣營諸將威武不屈的「硬頸」，營造呂布「俗仔」的反差對比。首先推出問審的高順，對操擺出「不答」，就是理都不理，要殺就殺，別浪費時間的氣勢；其次，陳宮從容好漢氣魄，更是MAN到不行。面對這位昔日有救命之恩，卻又以他「寧可我負天下人，休叫天下人負我」一語，棄之而去的老友，曹操是百般退讓求全，被俘者陳宮卻是一心求死，弄得曹操將先前對付徐庶的招數，想以陳宮老母逼和都出籠，而有以下一段泣人之對話：

操曰「公如是（一心求死），奈公之老母妻子何？」

宮曰：「吾聞以孝治天下者，不害人之親；施仁政於天下者，不絕人之祀。老母妻子之存亡盡在明公耳。吾身既被擒，請即就戮，並無掛念。」，宮逕步下樓，左右牽之不住。

每讀至此，筆者無不為陳宮肅然，揪心大喊「好漢，陳公臺！」，待續看第三順位呂布的問審，簡直難以想像這位「人中呂布」的格調淪落，就算成了曹操階下囚，在白門樓上點名問斬時，呂布仍以「面識履歷」心態，不改「職業背主」的本能，展示議價功夫，向操言「明公所患不過布爾，公為大將，布副之，天下不難定也！」但此時，呂布就像是一個信用卡已經刷爆的拒絕往來戶，稍有良知、意識者，都知道這是他人生最後蓋棺論定的期末考，但呂布卻寫下了最低分的人格答案。也無怪第四登樓問斬的張遼都看不下去，不待拖出，先跳出台前氣得大喊「呂布匹夫，死則死爾，何懼之有！」適時替而後兩千多年讀者一吐為快，否則還真是氣死驗無傷。

呂布完全是靠「天賦」混飯吃，用下半身思考的動物，「利與色」是他決定行事的標準，為「利、色」，背主成了他不顧一切的手段。羅貫中在《演義》第八回〈王司徒巧使連環計董太師大鬧鳳儀亭〉，這齣特別由王允執導，貂蟬領銜，董卓與呂布博命演出三國版的「色戒」大戲中，讓演技足可入圍奧斯卡的貂蟬，大演內心戲，將董、呂玩弄於骨掌之上，過程可謂精心設計，已成當今劇本與演技示範的經典教材。

蓋王允先許貂蟬於呂布，再「劈腿」獻予董卓，呂布得悉，王允假裝是迫於董卓權力下之無奈，呂布心急，逕入董卓府中，貂蟬：「知呂布顧視，故蹙雙眉，做憂愁不樂之態，復以香羅拭淚。」扮得癡兒怨女，有情人不成眷屬，先激起呂布醋罈子。待布與卓見，貂蟬於繡簾內，「微露半面，以目送情，布知是貂蟬，神魂飄蕩。卓見布如此光景，心中疑忌。」，催化董、呂猜忌，埋下反目心結。從此，呂布入府愈頻，某日，「布入內問安，正值卓睡，貂蟬於床後探半身望布，以手指心，又以手指董卓，揮淚不止，布心如碎。」呂布見心愛女子與情敵共枕，孰可忍，孰不可忍。

呂布終難忍慾火，貂蟬乃設計卓宅之鳳儀亭私會，不但精心打扮，還讓呂布「等待良久，見貂蟬分花拂柳而來，果然如月宮仙子，甫見，貂蟬即泣：『今幸得見，妾願畢矣。此身已汙，不得復事英雄，願死於君前以明妾志。言訖，望荷花池便跳。』呂布慌忙抱住。」

呂布見貂蟬楚楚貞烈，感動至豪氣舉誓：「我今生不能娶汝為妻，非英雄也！」言猶再耳，卻又色大膽小，接下曰「我今偷空而來，恐老賊見疑，宜速去。提戟欲去。」可見呂布也不是不知這是一危險的約會所在，還保有警覺性。

貂蟬見此「龜縮行徑」，激之「妾在深閨，聞將軍之名，如雷灌耳，以為當世一人而此，誰想反受他人制乎！言訖，淚如雨下，布滿面羞愧，回身摟抱貂蟬，兩個偎偎依依，不忍相離。」一待拖延已夠，正在開會的董卓，不見呂布，心中已十有八九，乃提早下班，入後園，當場撞見，卓「擲戟呂布」，大打出手，全撕破臉。

「愛情是盲目的」，但對局外人李儒卻是再清楚不過，為化解兩人緊張關係，董聽了李儒之議，欲效楚莊王與蔣雄『絕纓』之事，將貂蟬割愛於呂布，如此，連環計則破局。貂蟬再度發揮演技先以「妾見其心不良，恐為所逼，欲投荷自盡，卻被這廝抱住。正在生死之間，得太師來，救了性命。」躲過鳳儀亭與呂布私情。對割愛呂布，貂蟬更以「妾身已事貴人，今忽欲下賜家奴，妾寧死不辱，遂掣壁間寶劍，欲自刎。」輕易讓董卓打消禮讓念頭，曰「吾安忍捨汝耶？」

劇情至此，呂布已經是「有貂蟬無董卓」的零和局面，只剩王允上場，作最後激之：

又是巧遇呂布，王允佯裝董卓許還貂蟬，布曰「老賊自寵幸久矣！」允「仰面跌足，半響不語」，作痛心疾首樣，誘布私下密談，「因挽布手曰：『且到寒舍商議。』」

呂布又將自鳳儀亭之事細述一遍，情緒已至「氣爆」狀態，王允乃激將：

允曰「太師奪將軍之妻，誠為天下所此恥笑。——非笑太師，允與將軍耳，然允老邁無能之輩，不足為道，可惜將軍蓋世英雄，亦受此污辱！」布怒氣充天，拍案大叫。允急曰「老夫失言，將軍息怒。」布曰「吾誓當殺此老賊，以雪吾此恥也。」

眼看局面已成，呂布色大膽小症又發作「吾欲殺此老賊久矣，奈是父子之情，恐惹後人議論。」呂豈不知，先前殺丁原，難道不受後人議論？允微笑曰「將軍自姓呂，太師自姓董，擲戟之時，豈有父子之情？」布奮然曰「非司徒言，布幾自誤。」王允仍一貫以歷史老招，以天子詔誘董卓入朝見時，由呂布一戟刺卓之咽喉而死。

由鳳儀亭色遇，以至白門樓問斬，羅貫中以非常戲劇的筆調刻畫出呂布「性、謊言、錄影帶」，有勇無謀的一生，陳壽曰「呂布有虓虎之勇，而無英奇之略，輕狡反覆，唯利是視。自古及今，未有若此不夷滅也。」

不論貂蟬是史上虛構與否，呂布直至兵敗下邳，不知是假戲已真作，雖不得比「霸王與虞姬」之愛，仍見貂蟬相隨！另呂為取袁術助，解曹操兵圍，袁術卻以布反覆，要呂以幼女為嫁，呂不放心，竟自己用甲保護，親裹女兒於懷，出城突圍，結果「只恐有傷，不敢衝突重圍。」見一代名將不忍以女為質之父愛流露，大概是《演義》中，呂布僅有令人感傷同情之處。

氣小量淺——袁紹

「袁紹色厲膽薄，好謀無斷；幹大事而惜身，見小利而忘命。」

曹操

袁紹（一四七年—二〇二年）

東漢末在外戚、宦官的循環亂政下，袁紹初隨何進，何進被宦官所殺，董卓趁勢取代中樞，袁紹隨即與董卓決裂，離開中央，當上地方十七路諸侯「反董」盟主，東漢至此，進入各路擁兵自重，實質分裂的局面，而袁紹佔有冀、青、幽，并四大州，即不加上他那「塚中枯骨」的弟弟袁術在淮南的力量，論土地、積糧，兵多將廣，條件上絕對是當時在野最有實力，建功立業，甚至取大位之選的第一人。但隨著時勢快速的變化發展，曹操在北方快速擴張及孫策在江東積極經營，迎頭趕上時候，袁紹舉止卻愈顯保守及被動，小鼻子、小眼像個吝嗇員外的作風，完全不似最具實力者的表現，與演義初起，袁紹在何進帳下，展現果決、魄力，力諫何進將宦官斬草除根的積極果斷，判若兩人。

從時間點看，袁紹是當上十七路諸侯盟主後，開始性格變得退縮、多疑與保守，空有一手好牌，卻因性格因素，無能運作，待再現《演義》之時，幾乎就是兵敗官渡，吐血成疾，退場出局的時候了！

評袁紹性格最逼真，莫過他誅宦的親密戰友曹操於《演義》二十一回〈煮酒論英雄〉，當操試問天下英雄，劉備舉「河北袁紹四世三公，門多故吏，虎踞冀州，部下能事者極多，可為英雄？」操笑曰：「袁紹色厲膽薄，好謀無斷；幹大事而惜身，見小利而忘命，非英雄也。」，操之謀士郭嘉以「紹性遲而多疑，謀士各相妒忌。」，更簡單一語道出袁紹不成英雄人物的弱點。

袁紹猶豫、退怯的性格，皆來自其腦海揮之不去的封建守舊意識。當此東漢社會，制度瀕臨崩解，時勢造英雄之刻，要脫穎而出，就看誰對世局能快速適應與掌握機遇，曹操以務實、彈性之通權達變而稱雄，劉備則及早對身世的認命，不作非份之想；但也有人不捨過去，懷抱以舊制度維繫場面，則屬袁紹，坐失良機，只想以其「四世三公，名相之後」，坐享天下輸誠。誠然一個好的家世，的確給了他優先的機會，這也為何曹操雖是整合十七路諸侯「反卓」結盟之發起人，卻必須讓盟主位於袁紹故，但袁不能把握機遇，適時變通，卻是更用力擁抱此一階級意識，這般的不識時務，是自誤也。

袁紹之食古不化，私心自用性格，大現《演義》第五回〈破關兵三英戰呂布〉，袁紹率十七路諸侯於虎牢關與董卓大戰，各將屢敗於華雄之手，袁紹正愁眉不展，「見公孫瓚背後站立三人冷笑，責問，當知劉備乃漢室宗派，取坐之。紹曰：吾非敬汝名節，吾敬汝是帝室之胄爾。」袁紹如此矯情造作，看似尊禮，實則係鞏固他個人家世領導的正當性，如真敬漢家血脈，諸侯姓劉氏者，大所多有，讓盟主予劉氏，豈不更有號召合理性？反之，劉備以漢室之後，竟「罰站」於地方諸侯之中，代表接受世局重新洗牌的認份，卻是將相本無種，男兒當自強。

待華雄再斬一將，當下氣勢低迷已至谷底，關羽挺身而出，請纓上陣，袁紹的階級意識又發作，竟先問「現居何職？」公孫瓚答以一馬弓手，紹怒「量一馬弓手，安敢亂言，與我打出。」幸賴曹操「此人既出大言，必有勇略，試叫出馬，如其不勝，責之未遲？紹曰「使一弓手出戰，必被華雄所笑！」操曰「此人儀表不俗，華雄安知他是弓手？」袁紹之頑固與曹操之靈活，兩人才幹高下立判。曹操曾透露與袁紹談論「爭天下」之道時，袁紹得意說「吾南據河，北阻燕、代，兼沙漠之眾，南向以爭天下，庶可以濟乎？」，曹大氣回以「吾任天下之智力，以道禦之，無所不可。」」，由此見之，袁紹想的盡是地利與錢糧，卻忽略選材、用人才是根本。也無怪曹操及早看出袁紹的無能及不斷，「豎子不足與謀！」翻臉，及早分道揚鑣，回鄉自立發展。

《演義》愈至下回，袁紹品格之愈趨沉淪低落，也到了匪夷所思，簡直望之不似「盟主」之格調，《演義》第七回〈袁紹磐河戰公孫〉中：

冀州牧韓馥好心送糧予袁紹，袁紹卻起吞噬之心——「大丈夫縱橫天下，何待人送糧為食！」乃約公孫瓚共取，事後平分冀州。卑鄙是，袁紹卻又使人將公孫瓚起兵協定，密告韓馥，韓馥懼，屈於袁紹，請共事冀州，公孫瓚見事成，使弟越索地，返還時，卻被紹殺害，嫁禍董卓。袁紹買空賣空，難怪公孫瓚大罵：「昔日以汝為忠義，推為盟主，今之所為，真狼心狗行之徒。」

袁紹「性遲、多疑」的缺陷，則是貽誤戎機，誤判局勢，決策不是不及就是太過，江山輸盡。不及者，當此北方局勢，劉備踞徐州，袁紹屯兵官渡，成犄角勢，操大受威脅，決先擊劉備，劉備遣孫乾赴袁紹，建議袁紹乘機襲取許昌，互相呼應，只見：

「袁紹形容憔悴，衣冠不整，問，紹曰『吾生五子，惟最幼極快吾意，今患疥瘡，命已垂絕，吾有何心更論他事乎？』」

戰爭乃國之存亡，死生之事，袁紹竟因一小兒之病，失此良機。

該進取而懦弱，該待天時卻又躁進。紹欲結孫權擊曹，權因兄策新喪，一動不如一靜，暫順曹操，紹只因被拒，有失面子，大怒而興兵攻曹，田豐諫曰：「今且宜靜守，且待天時，不可妄興大兵，恐有不利。」詛沒再諫「彼軍無糧，利在急戰；我軍有糧，宜在緩守。」結果，袁紹以兩人「怯懦」，把他僅有兩個可用幕僚，盡皆下獄，等許攸改獻「積極」用兵策，曰「操糧草空虛，許昌空虛，可乘勢襲取。」紹又以人廢言，不採，決策可說毫無章法，許攸乃棄袁就曹，建議曹操攻取袁紹的糧倉——烏巢一戰，袁紹終潰不成軍，不久，吐血而死。

當紹兵敗，由下獄之田豐下場，更可看出袁紹為人之氣宰與量淺，惋惜其隨者有所託非人之感：

當紹兵敗，獄卒賀田豐「袁將軍大敗而回，君必見重矣！」豐笑曰「我必使死矣！」問為何。豐曰「袁將軍外寬而內忌，若勝而喜，猶能赦我；今戰敗則羞，吾不望生矣！」

語畢，忽使者齎劍至，傳袁紹命，欲取田豐之首。

性遷怒，量小氣淺如此，也無怪田豐大嘆「大丈夫生於天地之間，不識其主而事之，是無智也！今日受死，夫何足惜！」能將人氣到無話可說，袁紹這般人品也真叫人無話可說了！

宿命的循環——孫堅、孫策

「孫策輕而無備，性急少謀，乃匹夫之勇耳，他日必死於小人之手。」

郭嘉

孫策（一七五年—二〇〇年）

三國的魏及蜀是曹操及劉備基於個人能力，一步一腳印的打下江山，但孫吳之建立，卻是起於孫堅，壯於孫策，守於孫權，父子三人的接力合作，使南方之政權得首度鼎足於中國歷史版圖之上。

持平論，就才情、氣魄、武功，孫權皆不及父、兄，然堅、策雖有大刀闊斧，兵革開創之功，但欠精工細琢的政治守成耐性，且皆「天不假年」，故東吳之天命最後仍歸孫權。昔日，漢使劉琬入吳，見孫家諸昆仲，即已鐵口直斷，精準預測孫家父子，各有天命：

「吾遍觀孫氏兄弟，雖各才氣秀達，然皆祿祚不終。惟仲謀形貌奇偉，骨格非常，乃大貴之表，又享高壽，眾皆不及也。」

孫堅現身《演義》篇章不多，時任長沙太守，董卓亂宮室，堅加入十七路同盟聲討，趁卓遷都長安，攻進洛陽，在宮殿廢墟中，仰觀天象，正感歎「帝星不明，賊臣亂國，萬民塗炭，言訖，淚下。」憂國憂民之時，士卒奏報，發現自井中打撈之宮女身上，竟懷漢之傳國玉璽，孫堅頓萌回鄉自立之志：

程普見曰「今天授主公（玉璽），必有登九五之分。此處不可久留，宜速回江東，別圖大事。」，堅曰「汝言正合我意。明日便當託辭而歸。」

孫堅之歸鄉發展與在荊州及淮南紮根多時的劉表及袁術，必然不容，加以「匹夫無罪，懷璧其罪。」孫堅私藏玉璽，先在袁術相逼，後有劉表催討下，孫堅兩發毒誓「若有此物，異日，死於刀箭之下。」更加對立。

孫堅性烈，初來乍到，羽翼未豐，所謂「強龍不壓地頭蛇」，堅卻反其道挑「硬柿子」劉表為對手，急了舊怨，人諫「以一小恨而起重兵，非所宜也。」堅不聽，終性急躁進，中伏，應了毒誓，死於亂箭之下，壽止三十七歲。《三國志》評論孫堅，說他「勇摯剛毅，孤微發跡，導溫戮卓，山陵杜塞，有忠壯之烈。」

堅死，長子策接手。曹操於《演義》二十一回〈煮酒論英雄〉，點名當世之英雄時，劉備舉「有一人血氣方剛，江東領袖，孫伯符可為英雄？」操笑回「孫策藉父之名，非英雄也。」筆者以為這實在是曹操之點將月旦中，最值可議與商榷者。眾人皆知曹操曾嘆「生子當如孫仲謀」，而不知其實是仿袁術「使術有子如孫郎（策），死復何怨。」的稱讚，何況孫策之武猛，連操亦肯定「獅兒難以爭鋒！」

蓋東吳之基業，孫堅雖選定了還鄉發展的目標，孫策卻是在身無憑藉之下，平地建起高樓者，孫堅死，策真「藉父之名」，何需投袁術，委曲此廝之帳下，念「思父如此英雄，我今淪落至此，而放聲大哭。」。與其「藉父之名」，堅留策者，不過那顆有如「魔戒」一般之玉璽；孫策也不一味如父「務虛」於玉璽的象徵，寧可「務實」以璽向袁術換取「兵三千，馬五百匹」，仿項羽率江東八千子弟兵打天下。也是這務實的態度，孫策先避劉表，選取揚州劉繇、嚴白虎為對象，擴張基業，乘勢廣收文、武之才如周瑜、張昭、太史慈、凌統父子、虞翻、周泰、蔣欽，以周瑜之高傲能與孫策一見如故，結為兄弟、連襟，與太史慈不打不相識，可見孫策有其識人與知人之能；而江東之民皆呼其「孫郎」，更見他群眾魅力，《三國志》稱孫策：「為人美姿顏，好笑語，性闊達聽受，善於用人。是以士民見者，莫不盡心，樂為致死。」

而孫策每遇爭戰，皆奮勇爭先，臨難不顧，曾「挾死一將，喝死一將」，而有「小霸王」之號。張紘規以「三軍之所繫命，不宜輕敵小寇」，策答「但恐不親冒矢石，則降將士不用命耳！」其責任感之重，眾人皆服。事實孫權接手孫吳後，孫策早已備好東吳之經營團隊與打下七八成之基本盤。

儘管孫策擁有一切領導者獨特的能力，性格卻沒有脫離其父「急躁」的DNA基因遺傳，甚有過之。曹操謀士郭嘉「論人」每有獨到之處，其評孫策即以：

「輕而無備，性急少謀，乃匹夫之勇耳，他日必死於小人之手。」

果然，其死亦是「落單」時，受人暗算，與父際遇相仿。身受重傷，又不待傷癒，性急出兵，「因一時之忿，自輕萬金之軀。」如堅之翻版。

孫策之任性，可見他對道人于吉的態度上，已臻意氣之爭。于吉乃一得道之人，「普施符水，廣救世人」，「在江東數十年，並無過犯，軍民景仰」，也就是于吉不但是無政治野心之人，且早在孫策即存於江東，本井水不犯海水，只因策見「百姓俱焚香伏道而拜。」竟汙以「妖人」與「黃巾張角之流。」，執意問斬。滿朝文武，包括策母也勸說不可加害，「鬼神之事，不可不信」。眾人的規勸，反更賭氣，一意孤行，最後，在于吉陰魂不散，孫策陷入瘋狂狀態，弄得形銷而骨悔，母見泣曰「兒失形矣！」而不復生，年竟二十六歲。

以筆者之個人意見，談魄力、才情，孫策實當東吳第一，充滿著個人魅力，如項羽轉世，至情至性，有開創者的豪情氣魄，但欠治國的穩健手腕，缺少人情世故之練達，有善始難有善終，這也是何以置孫堅、孫策入「天予之，卻不得取」列，無奈之故也！

虛有其表——劉表

「久聞劉景升善善惡惡，及至相見，徒有虛名，蓋善善而不能用也，惡惡而不能去也！」

徐庶

曹操雖是一代奸雄，却愛恨分明，表裏倒也一致，對劉表「雖外貌儒，而心多疑慮」的兩面作人，曹自打心裡是看不起，不單評劉表「虛名無實」，連帶子劉琦一塊罵進「劉景升父子豚犬耳」，這兩句話雖有真小人批偽君子味道，卻點出劉表看似有度量，卻富於心機的個性。

當劉備、孔明來靠，劉表一付禮賢下士模樣，一再放話讓位，兩度以「我死後，弟（劉備）為荊州之主。」一旦劉備酒後失言，表達真心「備若有基業，天下碌碌之輩，誠不足慮也。」劉表又起疑不悅。格局上，劉表只求偏安畫江自保，既敷衍袁紹，也不順曹操，全付的精力，盡耗在繼承糾紛，對劉備、孔明與蔡夫人分別支持劉琦及劉琮之較勁惡鬥，束手無策。最後，劉表每天在曹操虎視南下的恐懼中，保守觀望，萎縮待斃，不久病死，劉琮母子即便投降，獻出荊州，曹操依然不放過其母子，盡予殺害。

劉表初期表現，與俱在江、淮以南，同時競爭的袁術或孫堅相較，文治、武功盡表出色且全面，迅速竄升成南方的第一強權勢力。劉表初掌荊州之時，地方盜賊割據，劉表恩威並濟，清鄉誘勦賊眾，逐漸回復荊州治安。群寇既盡，保境安民之餘，劉表大興學術，提倡經學，頗有「故遠人不服，則修文德以來之」的儒將之風，加以中原政治混亂，「黨錮」政爭，一時清流，司馬德操、徐庶、孔明與龐統等，絡繹而來荊州隱居、避難，劉備即曰「何穎川之多賢乎！」，而劉表也博得「江南八俊」之名。武功上，劉表不忘擴大勢力，領域最盛時，「南收零（陵）、桂（陽），北據漢川，地方數千里，帶甲十餘萬。」同時擊敗了江東孫堅的來犯；連孫策，也暫避其鋒銳，轉而效法劉表經營戰略「掃平山賊，開賓館於吳會，接四方賓客，廣納賢士。」但劉表至此之後，卻停步觀望，怯於與天下爭鋒，他只希望自保於江漢之間，以觀天下之變。劉表對外，雖遣使奉貢，示好於曹操，又北與袁紹相結，想兩面討好，治中鄧羲諫劉表，劉表不聽，還自鳴得意自己的等距外交是「內不失貢職，外不背盟主，此天下之達義也」，一付滑頭的個性。

在高度競爭的三國時代，劉表一切的毛病正是從此一「偏安」心態而生，既志在自保，自以當一太平山寨主而滿足，相對劉表之坐吃山空，此所以拿一天當十天努力的孫策，能迎頭趕上之故也。韓嵩特此語重心長向劉表建議：「今兩雄相持，將軍若欲有所為，乘此破敵可也。

如其不然，將擇其善者而從之。曹操善能用兵，賢俊多歸之，莫若舉荊州以附操，操必重待將軍。」

也就是當此亂世，英雄就只有兩條路可走，要不起兵自立稱雄；要不選邊站，歸順曹操，局勢根本不容第三選擇之中立自保。劉表聽畢，便派遣韓嵩往見曹操，以觀虛實。但罕見地，韓嵩受命前，卻有言在先「君臣各有定分。嵩今事將軍，雖赴湯蹈火，一唯所命。如（指劉表）持疑未定，嵩到京師，天子賜嵩一官，則嵩為天子之臣，不復為將軍死矣。」，意思就是說，現在我是你的官，自惟命是從，只怕一去許都，天子封予官位，君臣各有分下，則立場自不得有別。韓嵩會先預下「保命符」，等於是不信任劉表，看出他是心胸不大之人，果然事情發展一如所料，韓嵩封官而回，劉表立責「汝懷二心，欲斬之。」幸經前言「備忘」提醒，方才逃過一死。

看到韓嵩的例子，劉備自袁紹處來投奔荊州，劉表雖厚相結待，卻不願重用，還險遭謀殺，就無需訝異。曹操北征遼東時，劉備曾遊說劉表「今許昌空虛，若以荊襄之眾，乘間襲之，大事可就也。」劉表竟言「吾坐據九郡足矣，豈可別圖？」不從其議。及至曹操歸還，劉表才對劉備說「不用君言，失此難逢之機。」卻又從妻蔡夫人議「劉備遣三將（關、張、趙）居其外，而自居荊州，久必為患。今容其居住城中，無益，不若遣使他往。」劉表乃藉口「賢弟久居此間，恐廢武事」，將劉備置放新野。但對一個優柔寡斷，反覆不定，苟安一角的人而言，懷大志的劉備終必難容，而劉備兩度「失言」，先以「廢長立幼，取亂之道」，得罪蔡夫人；再以「備若有基業，天下碌碌之輩，誠不足慮也。」讓劉表「口雖不言，心懷不足」，開始默許蔡夫人一再謀殺劉備的行動。同時間，整軍經武完畢，急報父兄之仇的孫權，打下江夏，斬了「廟中之神，恨無靈驗」的黃祖之後，劉表急見劉備，雖道歉謀殺事，卻又不處分蔡瑁，真如徐庶所說「久聞劉景升善善惡惡，及至相見，徒有虛名，蓋善善而不能用也，惡惡而不能去也！」點出劉表是能人不用，也不去庸人。

劉表某種程度近似「北方版」的袁紹，卻更「惜身好名」，倘劉表生在清平治世，作個太平官倒也稱職，但生在英雄輩出，歷史上最高度競爭，惟「苟日新日日新」之士，才能在這場人才的肉博戰下存活的三國時代。與北鄰的曹操，東邊的孫策，及內部的劉備積極、用心於霸業相比，只能說，當人家都已經升太空，劉表還在殺豬公，劉表的空轉虛耗，淘汰出局，自不為過。袁紹至少尚有一戰曹操之志，劉表連一擊的勇氣也沒有，是故袁紹較劉表又可敬也。

白米詐彈客——袁術

「塚中枯骨，吾早晚必擒之！」

曹操

所謂「三軍未動，糧草先行」，糧在古時軍事行動上，可是第一妥善軍需。三國時，人物稱雄造勢，除足兵之外，不能足食，也是免談。曹操必需殺糧官，以平兵吃不飽而生之軍變，其專事掘墓，不過藉此養兵之用，其後，為求長久，乃創「兵農合一」屯田制；而武侯之所以屢失利北伐，不外糧食不足支應，木牛流馬之高科技運輸，也受此刺激發明。因此糧雖不是萬能，但無糧卻是萬萬不能。

三國之中，靠糧稱雄者，當屬雄據南陽米倉，戶口殷實之袁術。袁術出身號稱四世三公的東漢世家汝南袁氏，與袁紹兩人是同父異母兄弟。劉備在與曹操青梅煮酒論英雄時，第一個點名者正是袁術，原因即「兵糧足備」；袁紹當上全國反董聯盟的盟主位時，所下第一道人事命令就是任命「吾弟袁術總督糧草，應付諸營，無使有缺。」一來，顯現大哥的雄厚實力；二來，藉糧草依賴，掌控各方行動；此時，分為北、南，屬一屬二地方勢力的袁氏兄弟，兵多糧足，如兄弟二人同心，外人還真難望項背。豈料這位「糧食大亨」的袁術，不思正途作為，竟以白米作籌碼、本錢，進行要脅、詐騙，弄得名聲惡劣，還率先稱帝，當上全民公敵。諷刺是，袁術一生以糧要脅人，臨終，確是嫌飯太粗，難以下嚥而死。袁術一生沒有正常的人格，像似沒有頭腦的紈絝子弟，恣意妄為，卻自我感覺良好，操以「塚中枯骨」形容之，意謂他根本是個「活死人」，也算傳神痛快。

袁術除家世顯赫，擁有足兵、足食之優厚的本錢，外加還有個紅利——玉璽在手，照理只要中人之材，當功業不俗，但袁術之心智不全，可見在反董聯盟的第一戰，孫堅旗開得勝後，向袁術要求糧草，照理，當馬上照辦，「無使有缺」。反常是，袁術竟想得是「孫堅乃江東猛虎，若打破洛陽，殺了董卓，是除狼而得虎也，今不與糧，彼軍必亂！」看來袁術不是董卓派來臥底，就是低能；即使搞權力鬥爭，翻臉也要在「聯合次要敵人（孫堅），打敗主要敵人（董卓）」之後，只能說反董同盟中，有此袁術者流，曹操馬上就意識到袁家兄弟望之不似人君，難服眾望，聯盟又是「各懷異心，料不能成事」，曹操一旦打定回鄉發展，大家不久也一哄散夥。

袁紹雖長術一歲，但袁紹因其母乃低微婢女出身，袁術心中暗瞧不起，兄弟兩人早已貌合神離。果然，袁紹為了要有自己的糧倉，黑吃黑詐騙了韓馥的冀州，袁術一付見者有份樣，來索馬千匹，紹不與，「自此，兄弟不睦。」，袁術又轉向劉表索糧不成，一怒下，竟密約先前得罪的孫堅，先汙賴以前壞事，都是「吾兄本初之謀也！」又造謠「今本初又與表私議欲襲江東」，講好「公取荊州，吾取冀州。」一起行動，連自己兄弟也要陷害，結果孫堅依約出兵，落個亂箭射死的下場，袁術竟按兵不動，雖收留了堅子孫策，想的是他父親留下的玉璽，孫策不得以，質璽換得三千兵馬，回江東白手打天下。

劉備在陶謙過戶徐州之後，呂布來靠，一山難容二虎，劉備在曹操假天子詔下，奉命討伐袁術，一離開，呂布就趁張飛酒醉，取而代之，袁術乃許布「糧五萬斛、馬五百匹、金銀一萬兩」，夾攻劉備，布雖出兵，但劉備先脫走，袁術竟不許相送之物。呂布與袁術盡皆反覆、無信的同類小人，呂布乃叫回劉備在小沛屯兵和好，這下，袁術立刻送上大米二十萬斛，要呂殺劉備；呂布收了袁術糧，却以百步穿楊的射戟救了劉備，利用備以牽制袁術，可說是好處全拿，便宜佔盡；氣得袁術「呂布受吾許多糧米，反以此兒戲之事，偏護劉備。」一生騙人，如今反被人騙的袁術，動兵又怕不敵呂布加劉備，只有繼續加碼殺進，派韓胤為使，求親於呂布，互為子女嫁娶；無三不成禮，呂布再將韓胤，解獻曹操，斬於市曹。呂布背主已成習慣性反射，背信更是家常，袁術碰到呂布這祖師爺級的詐騙集團，只能說涉世未深，繳學費認命。

袁術在淮南，地廣糧多，一付土皇帝每天看著玉璽，終於不抵當真皇帝慾望，一日，召集群臣，自己宣佈「昔漢高祖不過泗上一亭長，而有天下；吾家四世三公，順天應人，欲正位九五」，閻象諫：稱帝不是論家世，當「積德累功」，袁術也覺人氣不足，竟再以符命硬扯「籤雲『代漢者，當塗高也』，吾字公路，正應其籤。」袁術真可說是「不學無術」。而自古群雄爭霸之金科玉律——「廣積糧，建高牆，緩稱王」奧妙，袁術則是反其道而行，不識時機稱帝，完全沒有政治SENSE，正好成了大家以僭逆之名，乘機消滅的人民公敵。同在淮南競爭的孫策首先以「僭稱帝號，背反漢室，大逆不道」發難，求曹操出兵討伐，曹操樂得約集呂布、劉備及孫策，「四大天王」進兵袁術中樞壽春，燒毀宮室殿宇，劫掠一空，結束了袁術的春秋大夢。

袁術稱帝已是公敵，加以「在淮南驕奢過度，不恤軍民，眾皆背反。」連自家人民也都反叛，落得只剩哥哥袁紹可投靠，袁紹談好來靠，可要那顆玉璽來換，曹操乃派劉備就半路截擊，袁術不敵，樹倒狐孫散，自己部將劫去錢糧草料，袁術逃回壽春，又被盜賊欺負，狼狽搞到最後，只有一千眾，時已至此，還不忘派頭：

「糧食盡絕，只剩麥三十斛，家人無食，多有餓死者，術嫌飯粗，不能下嚥，命庖人取密水止渴，庖人曰『止有血水，安有蜜水？』術坐於床上，大叫一聲，倒於地下，吐血鬥餘而死。」

袁術一生不盡人事，不懂時機，不通人情，不行誠信；內無仁愛服眾，外以僭越稱帝，群雄見棄，雖以糧稱雄，人生最後，卻只剩「麥三十斛」，絕糧而死，曹操說他是「活死人」，真一語中的也！

劉備的貴人——公孫瓚

東漢末，天下紛爭，公孫瓚雖北據幽州，是雄霸一路的諸侯，但論才能、氣魄，實在還稱不上是個能取天下的咖，誠如曹操所言「庸庸碌碌之輩，何足道哉！」。但之所以討論此人，純就《演義》看，當此時代，人皆爾虞我詐，趨炎附勢為平常時，公孫瓚卻難得還算是個厚道的老實人物，這從劉備一路流離，受盡人情冷暖，人間奚落之時，公孫瓚都沒看不起他這位老同學，從幫忙找工作，介紹認識各路英雄，到慷慨借兵借將，公孫瓚稱得上是劉備最初發展的貴人，與劉備一再投靠人心難測的呂布、曹操、袁紹、劉表機遇比較，公孫瓚對劉備算是有情有義，最好的一位朋友。

劉備十五歲遊學，就與公孫瓚共同師事於盧植，而結成同窗好友。而後劉備回鄉，不見發達，靠織蓆子、賣草鞋謀生，待結義起兵時已二十八歲。同時，公孫瓚鎮守遼西，已是一方將領，官任北平太守，公孫瓚曾與羌人戰，盡選白馬為先鋒，羌人但見白馬便走，號為「白馬將軍」。黃巾亂起，劉備跟隨既是恩師又是上級的盧植討伐張角，盧植不久被宦官所陷，劉備有功無賞，只因沒關係人情，等了半天朝廷不理，勉強給個安喜縣尉，劉備沒錢賄賂督郵，結果落個通緝走路，最後也是他這位老同學與幽州牧劉虞，表奏劉備大功，才取消了通緝，公孫瓚更為劉備討得了平原縣令，自此，「玄德在平原，頗有錢糧軍馬，重整舊日氣象」，是劉備起兵後，第一份的安穩工作，暫時脫離漂泊不定，到處碰壁的日子。

董卓亂宮室，曹操發文十七路諸侯，會盟討董，公孫瓚赴盟路過平原縣，劉備感恩公孫瓚保薦之恩，特別在路上接風，公孫瓚乃見得關、張，知職居為弓、馬步手，公孫瓚建議曰「如此可謂埋沒英雄！今董卓作亂，天下諸侯共誅之。賢弟可棄此卑官，一同討賊，力扶漢室，若何？」，因公孫瓚的熱心邀請，讓劉備得見了曹操、袁紹等當時的風雲人物，公孫瓚也在袁紹會上將「劉備功勞，並其出身細說一遍。」，袁紹特取座與玄德，得和天下英雄並肩而坐，算是打出了些知名度，當然，關羽也把握機會，上演溫酒斬華雄一幕，展示不凡身價。但袁紹的氣小量淺，連公孫瓚也看出「袁紹無能為也，久必有變。吾等且歸。」公孫瓚遂帶劉備等回鄉，至平原，公孫瓚仍令玄德為平原相，讓劉備仍有所依託。

徐州牧陶謙因不慎，間接害死了曹操之父，曹操為報父仇，發兵血洗徐州，陶謙求助於北海太守孔融，出人意表是，孔融竟薦一縣令的劉備出兵相救，連劉備都訝異孔融怎會知道天下有他這號人物，這極有可能正是在曹操的討董會盟上，公孫瓚在會上介紹劉備的身世與關羽的表現，給孔融（陶謙也是其一）留下深刻印象。劉備因兵微將寡，難敵曹操，立刻就找公孫瓚借兵，公孫瓚慷慨借兵二千，連趙子龍也附帶相送，這在槍桿子出政權的時候，肯無償的借兵借將，是很難得的事，那像孫策用玉璽只能向袁術質借得三千兵。待有兵有將，劉備救得徐州，再經陶謙三讓徐州，劉備又從一縣令，一躍成諸侯等級，這快速爆紅的際遇，劉備實在不得不感謝公孫瓚的早期扶持。

公孫瓚的最大天敵，就是裏表不一，專行小人之事的袁紹。袁紹為奪冀州，約公孫瓚聯合舉事，約定事成平分冀州，公孫瓚同意後，袁紹竟將公孫瓚起兵之事密告冀州牧韓馥，韓馥害怕乃引袁紹助，袁紹買空賣空，控制了冀州，公孫瓚使其弟公孫越履約，袁紹竟以董卓名暗殺，公孫瓚乃與袁紹結怨。

公孫瓚和袁紹為爭奪北方連年交戰，守地多為袁紹所破，卻不願分兵救之，惟恐兵士不願效死以戰，因此兵多投袁紹；公孫瓚又突發奇想，築城圍圈，圈上建樓，高十丈，名易京樓，積粟三十萬，以此自守，結果被袁紹挖地穿牆到樓下，放起火來，公孫瓚走投無路，先將妻子縊死，然後引火自焚。同時段，劉備則丟了徐州，又回復流離日子，聞公孫瓚兵敗自殺時，正投靠於曹操處，不禁感傷這位老同學的昔日提攜之恩，當更感觸良多。

讀演義十有七、八大概對公孫瓚印象，大抵停留在他捷足先登得趙雲，卻不能重用，感嘆趙雲所託非人，卻沒注意到公孫瓚扮演著劉備早期過渡的貴人角色，也是惟一沒有以城府、利害對待過劉備者，這大概是讀演義者所忽略的地方吧！

【第二篇】

數英雄人物，還看今朝

人氣天王——劉備

「勿以惡小而為之，勿以善小而不為；惟賢惟德，可以服人。」

劉備

漢昭烈皇帝劉備（一六一年—二二三年）

東漢末年在舊制度崩解，新制度待舉局面，最後，由曹、劉、孫，三分天下，脫穎而出，正代表不同的成功性格說明：曹操之特質是其務實變通與大膽叛逆之作風，孫權則恃保守穩健與投機計算之行事，兩者都有在亂世現實中，拋棄舊禮教，「亦正亦邪」的彈性；惟獨劉備係堅持傳統文化的核心價值，以「作人」成功而立業，集謙遜、低調、耐心、謹慎、忍辱一切之高EQ，是三國人物中，決無僅有，人氣指數最高者。固然《演義》第六十回〈與龐士元議取西蜀〉，劉備是以曹操為對照組，有刻意計畫性操作「形象」之嫌：

「今與吾水火相敵者，曹操也。操以急，吾以寬；操以暴，吾以仁；操以譎，吾以忠；每與操反，事乃可成。」

但在三國「爾虞我詐」的權力市場上，劉備很快的就區隔出他個人「仁義道德」的獨家品牌，徐州的陶謙、荊州的劉表或西川的張松，感其仁義，不論識與不識，一見面都主動獻土，甚至還有平民劉安感其仁義，竟殺妻取其肉以招待劉備。諸葛亮在隆中，為劉備分析三分天下局勢時，就精準看出「一窮二白」的劉備，惟一比較優勢與本錢就是人和，而言「將軍欲成霸業，北讓曹操佔天時，南讓孫權佔地利，將軍可佔人和」。

劉備另一成功原因，就是及早認命，身份「歸零」，免於袁紹整日「四世三公」的家世沉緬。劉備本是漢中山靖王之後，景帝玄孫，因沒繳「酎金（皇帝祭祀宗廟獻金）」而削去候爵，從此中落，至劉備時，已靠「織蓆販屨」維生，與一般平民無異，這使他認清現實，必須徹底放下身段，從頭開始。這也是當人勸他棄騎「妨主」之「的盧」馬，劉備能豁達務實以

「但凡人死生有命，豈馬所能妨哉！」結果「的盧」飛馬越檀溪，救回劉備一命，正暗示天助自助者。

劉備的謙遜、恭謹，當然也與經常「寄人籬下，不敢造次」的歷練有關，所謂「伴君如伴虎」，劉備一生投靠者，如袁紹、呂布、曹操、劉表等，都是稍有異心大志，可能身家不保，劉備卻能一一安然周旋其中，謹慎戒懼，給了他最好的心志訓練與動心忍性的教育。

劉備以討黃巾起家，初起，戰爭順利，屢建奇功，一旦論功行賞，官場卻比戰場還複雜，先被董卓以「白身」奚落，好不容易弄個安喜縣尉，因無錢賄賂督郵，弄到通緝「走路」，直到好友公孫瓚「關說」，才取銷通緝，得平原縣令，劉備此時除關、張外，備感人情冷暖，心理連帶到不敢有非份之想，也因此當徐州牧陶謙為拒曹兵，求救於孔融，孔融薦劉備時，劉備之第一反應竟是「孔北海亦知世間有劉備？」，其自信心之低落，可見一般。但也是這「自視甚低」的特質使他更具不同之人心魅力，而白手起家。

劉備出場於《演義》首回，性、貌酷似高祖，形容如下：

「不好讀書，性寬和，寡言語，喜怒不形於色，素有大志，專好結交天下豪傑。生得七尺五寸，兩耳垂肩，雙手過膝，目能自顧其耳，面如冠玉，脣若塗脂。」

故人常譏之「大耳兒」，但在《演義》第五十四回〈吳國太佛寺看新郎〉，此「異相」之貌，卻幫了大忙。所謂丈母娘看女婿，愈看愈有趣，吳國太眼中可是「龍鳳之姿，天日之表」，益加喜愛劉備，阻止了孫權欲以嫁妹而害劉備陰謀。

劉備崛起之轉捩，應始自《演義》第十二回〈陶恭祖三讓徐州〉。與當時動輒公卿將相，各方之鎮比，身為區區一平原縣令的劉備，卻能使徐州牧的陶謙初見之，就「公乃帝室之胄，德廣才高」，堅讓徐州，證明劉備名聲當已散播在外，連陶之部屬糜竺、孔融亦勸「徐州殷富，戶口百萬，天予不取，悔不可追。」，劉備還能堅持仁義「無端而據有之，天下將以備為無義之人矣！」謙遜、忍讓的態度，當此各憑本事的亂世，反使人更加信賴。這與呂布投靠徐州，劉備不知是自卑身份不及呂，還是認真過頭，一見面，「今幸將軍幸此，合當相讓（徐州），欲以牌印相送」，呂布毫不客氣，「正待要接」，若不是「見玄德背後關、張各有怒色。」呂布可是順理成章，當仁不讓。

不論是袁紹兵敗官渡，會「見笑轉生氣」而殺田豐，或如曹操臨士兵躁動時，會借糧官「項上人頭一用」，以平兵怨來看，劉備也應是最受歡迎的人性化「頭家」。劉備與部屬關係，不似曹操者，乃前者是以情與義交心，而後者是以法家馭術，至於與有張昭為首之「投降派」在「大難來時各自飛」情況的孫權較，更勝之遠矣！劉備最具難得性格，就是臨兵敗、危難之時，不遷怒，先替別人著想，穩住大局，是他得下屬與人心之「眉角」要方，也難怪曹操留不住關羽，三國最聰明如孔明、龐統，最勇之張飛、趙雲俱樂於所用，特選動人數例：

《演義》第十四回〈呂奉先乘夜襲徐郡〉，張飛酒醉誤事，致徐州被呂布奪取，「眾聞徐州已失，盡皆失色」，玄德能不自亂，歎曰「得何足喜，失何足憂」，先安眾心。待張飛欲掣劍自刎，玄德奪劍擲地曰：「古人云兄弟如手足，妻子如衣服，衣服破，尚可縫，手足斷，安可續？」大局與人情俱顧，不但止血，凝聚人心，將所失換取更大利得，是危機處理之最佳範例。

三十六回〈元直走馬薦諸葛〉，玄德不捨徐庶為曹操詐取，臨去，「凝淚而望，卻被數林隔斷。玄德以鞭指曰『吾欲盡伐此林』，眾問何故，玄德曰『因阻吾望元直之目也。』」旁者見之，怎能不動容。

更典型與熟悉，則見四十二回〈張翼德大鬧長阪橋〉，趙雲單騎救回阿斗，獻劉備，劉備竟擲地，「為汝這孺子，幾損我一員大將！」帶人必帶心，不論矯情與否，怎不感動趙雲「雖肝腦塗地，不能報也！」

但更動人肺腑，見《演義》第八十五回〈劉先主遺詔託孤〉，先主臨終，對亮曰：

「君才十倍曹丕，必能安邦定國，終定大事。若嗣子可輔則輔之，如其不才，君可自為成都王。孔明聽畢，汗流遍體，手足失措，臣安敢不竭股肱之力，盡忠貞之節，繼之以死。」

這種與下屬「窩心」的互動，也不限親疏，三十一回〈玄德荊州依劉表〉，劉備乘操大戰官渡，奇襲許昌，兵敗，「敗軍不滿一千，狼狽而奔，備嘆曰：諸君皆有王佐之才，不幸跟隨劉備，累及諸君，今貧無立錐，君等何不棄暗而投明主？眾哭。」自身難保之時，還能替人著想，隨者怎不「臣事君以忠」相報。

另四十一回〈劉玄德攜民渡江〉，玄德攜軍民十餘萬，眾議見棄之，劉備言「舉大事以人為本，今人歸我，奈何棄之？」過江時，見百姓「號泣而行，兩岸哭聲不絕。玄德於船上望見，大慟，『為吾一人，使百姓遭此大難，吾何生哉！』欲投江而死，左右急救止。」

劉備以獨樹一幟的貼心、忍讓，謹慎、低調的行事風格，出綫於強林之列，但人非完美，也有疏忽、犯錯與忘形的時候：

《演義》第二十一回〈青梅煮酒論英雄中〉，當曹操結論「今天下英雄，惟使君與操爾！」這使才剛受獻帝「衣帶詔」討曹操的劉備，心虛的嚇到掉下筷子，幸賴天降大雨，雷聲大作，劉備自嘲「一震之威乃至於此」，從容撿起筷子，曹操疑以「丈夫亦畏雷乎？」玄德曰「聖人云迅雷風烈必變。」騙過曹操，羅貫中形容劉備「不喜讀書」，看來尚不至此。

官渡後，劉備投劉表，一如徐州陶謙，表兩度以「我死後，弟為荊州之主。」，劉備一貫「寧死，不作負義之事」而拒之，但長居之下，荊州人心歸向，玄德外有「震主」之嫌，內有表妻蔡夫人從中挑撥，照正常表現，劉備當更如履薄冰。某次飲宴，入廁後，劉備見「髀肉」橫生，感傷年長卻功業不建，而淚下，當劉表並不真心以劉備當世英雄相慰，何愁不成大業？劉備竟一時得意，乘酒興，失口「備若有基業，天下碌碌之輩，誠不足慮也。」，不但惹表疑慮，又建議劉表「廢長立幼，取禍之道」，介入最私密、敏感繼承問題，違反最基本「疏不間親」作人原則，終惹殺身之禍，可說是劉備「謙謹」風格表現上，最失常的一次。

劉備的「仁義」形象，終在取同室劉璋之西川而破功。劉備與劉璋之臣張松初會，張松以備「仁德之主」，主動獻圖，願助取西川，劉備雖口說不忍奪同宗之業，但臨行心照不宣與松說「青山不老，綠水長存。他日事成，必當厚報。」建立相當「舉事」的默契。劉備在劉璋邀請下，初入蜀，龐統、法正即勸備「就席間，殺璋，乘勢取之」，差點就把劉璋的接風洗塵宴演成「鴻門宴」，展現虎狼之心。蓋此一時，彼一時也，時勢的愈迫與劉備此刻「羽翼」豐滿，已有「安肯伏低作小，一國不容二主。」之態勢，終藉口以璋拒援兵糧，扯書痛斥劉璋來使，龐統以「主公以仁義為重，今日毀書發怒，前情盡棄矣！」，索幸一不作，二不休，吞噬西川。劉備也知道取西川壞了他「仁義」形象之金字招牌，待與璋交接時，只能握手流涕曰「非吾不行仁義，奈勢不得已也」！

但劉備所犯之最嚴重錯誤，還是為關羽復仇的伐吳，雖趙雲諫「國賊乃曹操，非孫權也。」諸葛亮也以「聯吳」為蜀最高戰略勸阻伐吳，但劉備一意孤行，終被陸遜火燒連營七十里，損兵折將，蜀國勢大衰，連帶憂憤而終，成全桃園結義時「但願同年同月同日死」之誓。

讀三國，「每聞劉備勝，而喜，曹勝，則悲憤莫名。」是讀者大致的普遍氣象，表面，這是受漢室「正統」意識所致，但真正大家之喜劉備，乃劉備仍是中國文化傳統意識下，所期望善良與正派的典範人物，是亂世中，不論「顛沛、造次皆於是」，仍能擁抱此一核心價值者。固然，劉備之大部作人行事，有眾亦以「厚黑」之心理，朝機巧、權謀解釋，或以其「江山是哭出來的」，亦儼然成理，然搞政治者本非常人，表演與真性情之虛虛實實，劉備應是俱各有之。

狂放叛逆——曹操

「寧可我負天下人，休教天下人負我！」

曹操

曹操（一五五年—二二〇年）

三國人物之中，以治國、魄力與文采而言，曹操當不在話下。《三國演義》雖因文學上的道德需要及政治上「正統」的推崇，而表現出明顯的貶曹筆法，但是越讀三國者，對曹操大膽叛逆、愛恨分明，任性中人作風，卻是越所著迷。因愛才，曹操對關羽的一再「讓利」、縱容，是費盡心思，在所不惜；但對臨難而濟之故友呂伯奢，卻又無情至「寧可我負天下人，休教天下人負我」；文采浪漫之時，可以

「對酒當歌，人生幾何」、銅雀賦詩「攬二喬於東南兮，樂朝夕與之共。」；狠毒之時，殺董貴妃、伏皇后、劉琮婦人孺子，毫不手軟；曹操【求才令】，更坦白到「但求不仁不孝，而有治國用兵之術。」我行我素，根本不采世俗眼光。

曹操本姓夏侯，因父嵩被宦官曹騰收為養子，才改姓曹。可見當時，為不讓宦官絕後，得允宦官以養子傳嗣，諷刺是，這位宦官之後的曹操，卻以誅殺宦官「十常侍」，崛起於仕途之上。

曹操，二十歲，察舉孝廉，「好遊獵，喜歌舞，有權謀，多機變。」初為郎官，置「五色棒」於縣大門，不懼權貴犯誡，照樣痛打，將他江湖俠義，放蕩不羈的個性，展露無遺。即使進入中央，任典軍校尉，就官場文化，論資排輩，照該唯唯諾諾，多聽少說，但曹操自信、敢現、愛說大話，毫無官場倫理的作風，獨樹異類。當大將軍何進欲召董卓誅宦時，操曰「但付一獄吏足矣，何必紛紛召外兵乎？」待何進被宦所殺，董卓趁虛而入，掌握漢宮，兇殘又不下宦豎，司徒王允聚滿朝文武，如楚囚痛哭，無策以對時，只見：「坐中一人撫掌大笑曰『滿朝公卿，夜哭到明，明哭到夜，還能哭死董卓否？』」，這位總讓人側目的年青軍官，心中老早打定借王允「七星寶刀」刺殺董卓，待得入見，正逢董卓起床，背對曹操，正想卓合當該死，不想卓「仰面看衣鏡中，照見曹操背後拔刀」，曹急以「跪獻寶刀」，奉送了董卓，不過也可見早期曹操心思之單純，衝動，不管是陽光自信或有勇無謀，尚不致予人感到陰險詐術。

曹操行刺董卓不成，從此隱於東郡。待黃巾再度亂起，朝廷徵召，曹操方得復出，開始轉性成熟、有計畫的發展自己，掃平青州、兗州的黃巾後，趁機收編降卒三十餘萬，又從中選出精銳，號稱「青州兵」，曹操才真正具備了打天下的本錢，從此漸成氣候。待獻帝還都洛陽，再度下詔曹操「入朝，以輔王室。」操從荀彧「昔晉文公納周襄王，而諸候服從；昔高祖為義帝發喪，而天下歸心。今天子蒙塵，將軍誠因此時首倡義兵，奉天子以從眾望。」再遷許都，開啟他「挾天子以令諸侯」的「攝政」時代。

狂放不改，曹操對其權勢，是大言坦白到毫不虛飾，「使天下無孤，真不知有幾人稱王，幾人稱帝。」常人疑惑，曹操取代漢室，既在反掌之間，為何終生而不取？其實，曹操早已打定政治生涯，絕不篡位。曹操對自己政治之極限，最早在〈銅雀台〉大宴時，就感性告白，「圖死後墓道曰『漢故征西將軍曹候之墓』，平生願足矣。」之後，野心雖有滋長，想為「魏公」，親信荀彧反對，曹操為報復荀彧，以空盒暗示，迫荀彧服毒自盡，後甚悔之；待想晉陞「魏王」，荀攸反對，曹操聞之，怒曰「『此人欲效荀彧耶！』荀攸知之，憂憤成疾，臥病十數日而卒。操厚葬之，遂罷魏王事。」荀彧叔姪的死諫，多少打消曹操「稱王稱帝」念頭。在〈短歌行〉，曹操從此自比「周公吐哺，天下歸心。」即最後病重，孫權與群臣勸進，恭請順天應人，曹更看開一切，而曰「苟天命在孤，孤為周文王，吾願足矣！」並以帝位如「居爐火」之事而拒。可見曹操老早決心以周公、文王自居，欲逃春秋之筆，不效周武王之事；不知曹丕是刻意或糊塗，終仍以「武帝」留給了老父，把「文帝」留給自用。

中國人一生論人乃先看道德，再見文章、事功的順序，是讓曹操的歷史定位吃了大虧，他傳誦千年之「寧可我負天下人，休叫天下人負我。」與建安二十二年所下【求才令】，語云：「今天下或堪為將守，負汙辱之名，見笑之行，或不仁不孝，而有治國用兵之術，其各舉所知，勿有所遺。」不擇手段的信仰；另壞曹操名聲者，公然設立「摸金校尉」與「發丘中郎將」兩官職，專事開人墓穴，資以養兵，不但大壞了「慎終追遠」文化，也成了盜墓鼻祖。這求才、盜墓大膽顛覆傳統核心價值的言論、作風，雖有現實及情理可佐，但依無法改變歷史定位上，曹操因人品負面因素，永世不得翻身，連帶刻意忽略他的正面才華，譬如，在文學上功力及成就，「三曹」父子不下「三蘇」；軍事上的天份，俗語「說曹操，曹操就到」正是用以形容曹操用兵如神；曹操創立屯田制，命令不用打仗的士兵下田耕作，減輕了東漢末年戰時的糧食問題，連孔明北伐時也採用解決糧食供應。

羅貫中以相同儒家忠義標準，將劉備嘴上的誠信刻劃成仁義之人，現實敢言的曹操則成一世之奸雄，然曹操通情達理的作為，時有所見，破袁紹時，「於圖書中檢出書信一束，皆許都及軍中諸人與紹暗通書信」，曹以同理心說「『當紹之強，孤亦不能自保，況他人乎？』」，遂命盡焚之。」」。征袁譚，追至遼東，對所徵用民伕，因不耐為糧船河道去冰苦役而逃，被捕時，曹以「不殺汝等，則吾號令不行；若殺汝等，吾又不忍，汝等快往山中藏避，休被我軍士擒獲。」更是仁義者為；依筆者見，撇開政治的框框，微觀曹操之為人，不過一「任性自負」、我行我素的「性情中人」脾氣，惟性情中人，行事大抵以「感受」為重，敢言敢作，手段激烈，而衝動之後，每多懊悔，因此不是「多情」的荒繆，就是「寡恩」報復時，加倍奉還，令人冷血髮指。前者可見《演義》第二十五回〈屯土山關公約三事〉，關公提出了他的三大條件，方肯接受曹招降，一、降漢不降曹，二、劉備之家屬不受騷擾，三、但知劉備去向，便當辭去。第一條，事關關公個人面子問題，第二、也沒問題，但第三條件，試問天下有這般投降條件嗎？曹操送什麼予關公都不喜，惟赤兔馬甚喜，操問何故，關竟當面以「吾聞此馬日行千里，若知兄長下落，可一日而見面矣。」，全不顧人感受。也大概只有如曹操者，還能言「事主不忘其本，乃天下義士也！」兩相情願！

在演義裏，曹操之狠毒事，除殺呂伯奢是「知而故殺」，其餘者，歸納都與曹操感到「背叛」的心理發洩而痛下殺手有關，如第十回〈報父讎曹操興師〉，操託父予徐州牧陶謙照顧，竟為其屬下所殺，操為雪父讎，令「大軍所到之處，發掘墳墓，但得城池，將城中百姓，盡行屠戮。」操之兇狠，於獻帝「衣帶詔」敗露，操欲殺董貴妃時，獻帝求「董妃有五月身孕，待分娩，殺之未遲」，操曰「欲留此逆種，為母報仇乎！」其冷血，令空氣凝結。待獻帝再舉「衣帶詔」，事機又加敗漏，操激動「吾以誠心待汝等，汝等反欲害我！吾不殺汝，汝必害我」，呼左右以亂棒打死伏皇后，伏后二子也皆酖殺之，國舅伏完家族二百餘口，盡斬於市，曹仍入宮保證「陛下無憂，臣無異心。」至情中人者，不是一廂情願，就是難忍背叛的性格，表露無遺。

操之任性、不羈，我行我素是遲早要受到慘痛教訓的，操征討張繡，張繡降，入城，私問「此城中有妓女否？」這露水姻緣的亂性，曹操誰不挑，竟納繡兄張濟之妻，大喇喇「共宿帳中」，讓作小叔的張繡「辱我太甚」，反襲曹操，曹操一時性起的衝動，弄到長子曹昂、姪子曹安民與典韋全數因他而死。這件教訓在曹操後來破袁紹，入冀州城，曹丕自行先取袁熙妻甄氏，操雖責曹丕，但還是大方割愛。

操死時年六十六歲，病重，因受太醫吉平行刺陰影，結果連華陀也見疑而死。其臨終交待簡單，兩遺囑事交待，可見特別，對侍妾竟是囑咐「汝等須勤習女工，多造絲履，賣之可以得錢自給。」，其勤儉可見其後宮已是「血汗工廠」，另立七十二疑塚「勿令後人知吾葬處，恐為人發掘故也」，寧可不受子孫祭祀，則是受盜墓始作俑之害也！

被低估的英雄——孫權

「足下不死，孤不得安。」

孫權（一八二年——二五二年）

孫權

三國是以蜀魏相爭，喻春秋正統之大義，這使孫吳在政治號召的正當性上，顯得地位尷尬，不但篇幅相對少，處處被矮化，連帶由孫權、周瑜擔綱演出打下三分天下的赤壁之戰，也變得好似因人成事的配角，是靠諸葛亮一把東風燒出來的。

《演義》以蜀為正統，故令人最傷心之段，莫過自第七十六回〈關雲長敗走麥城〉起，孫權趁關羽攻打樊城，命呂蒙「白衣渡江」奪取荊州，關羽走麥城遇害，連帶至第八十一回，張飛性噪急報兄仇，被下屬所刺，再至第八十五回〈劉先主遺詔託孤兒〉，陸遜大破劉備，結果，劉關張同時殞落，蜀也國力大衰，不論直接、間接，都與孫吳有關，孫權有如「陷害耶穌之猶大」，背上了三國最大原罪，孫權似乎總不能、也不願被一般人群，客觀與公平地看待。

相較其父兄之驍勇善戰與開疆闢土的豪情霸氣，孫權自《演義》出場就不被看好與低估。知弟莫若兄，孫策臨終，心中有數他開創階段已近完成，點出他們兄弟功能性的互補，但孫策對其弟「守成」雖有信心，卻又不太放心，故放上周、張輔助，故有以下一段經典敘述：

當策病危，母哭曰「恐汝弟年幼，不能任大事，當復如何？」策曰「弟才勝兒十倍，足當大任。」一再對弟孫權曰「若舉江東之眾，決機於兩陣之間，與天下爭衡，卿不如我；舉賢任能，使各盡力，以保江東，我不如卿。卿宜念父兄創業之艱難，善自圖之。內事不決可問張昭；外事不決可問周瑜」。

這樣前後的堆積使人覺得，孫權不過就是一個「保守」人物，既無其父兄豐富生動的性格，更欠塑造英雄形象的戰功，所被期許者就是被動的守成，外事由周瑜作主，內政但聽張昭，大可過太平君王的生活。

《演義》之中對孫權的性格、外貌介紹，既不似曹、劉、諸葛般盛重，與關、張較亦相距甚遠，正式者，僅見漢使劉琬入吳，見孫家諸昆仲，而相之：

「吾遍觀孫氏兄弟，雖各才氣秀達，然皆祿祚不終。惟仲謀形貌奇偉，骨格非常，乃大貴之表，又享高壽，眾皆不及也。」

形容孫權性格、外貌，只見孔明赴江東遊說結盟，初見孫權「碧眼紫鬚，堂堂一表，此人相貌非常，只可激，不可說。」一眼看出這位具外國混血樣貌，其實性情激烈，但凡驕傲自信者，只可激，不可說。孫權嫁妹誘取劉備時，一旦發狠，可不念手足，不惜以劍命取「吾妹並劉備頭來」。

雖說江東已經孫堅、孫策父子兩代經營，但分析孫權接掌時局面——淮南袁術雖滅，劉表仍據荊州，北邊有隨時兵臨南下的曹操，再加上伺機而動的劉備，如何保境安民，孫權壓力不小。而東吳既無曹操「挾天子」之名份，亦無劉備在血統上的號召，政治地位之尷尬，如何讓吳之地位鼎足於曹劉之間，終孫策之年，並沒有留下治家業可大可久，清楚經營的大政方針。

孫權最大優點乃具備政治人物的遠見。雖然策託「主和派」張昭掌以政事，但孫權在政治上卻是極賴於「主戰派」魯肅之言，孫權對東吳未來最高「國策」，其實是來自魯肅的分析，時間上，更早於於劉備就教諸葛亮於『隆中』決策：

一日，眾官皆散，權留肅共飲，至晚，同榻抵足而臥，權問肅「方今漢室傾危，四方紛擾，孤承父兄餘業，思為文、桓之事，君將何以教我？」肅「切料漢室不可興，曹操不可卒除。為將軍計，惟有鼎足江東以觀天下之釁，除黃祖、伐劉表，竟長江所及而據守之。然後建號帝王，以圖天下，此高祖之業也。」權聞言大喜，披衣起謝。

魯肅清楚看出漢室氣數已盡，曹魏已壯大至難已剿滅之現實，劉備可死守正統大義，孫權可圖者，除自立發展第三獨立勢力外，已沒有市場的招牌選擇，魯肅也懂激勵這位年青君主不止以效「文、桓之事」滿足，更應有稱帝雄心，方顯更勝父兄。魯肅是最能抓住孫權「不能說，只能激」的性格，當孫權猶豫在赤壁的和戰之間，魯肅同樣以此運用在主戰分析，造成竟是由這位才二十六歲的青年決定了一戰而三分天下的三國代表之赤壁大戰：

「如肅等降曹，累官不失州郡也，將軍降操，位不過封侯，車不過一乘，騎不過一匹，從不過數人，豈得南面稱孤哉！」

初生之犢的孫權與魯肅這對搭檔，就這樣懷抱興奮的心情，以赤壁開始踏入國際政壇，但馬上就被老辣的劉備與諸葛亮好好上了一堂「爾虞我詐」的政治啟蒙課。吳蜀的爭議乃荊州，但深入究竟，荊州之歸屬，劉備與諸葛亮在赤壁時，早許下「公子不在，即還荊州」於孫權的承諾，待劉琦死，魯肅來求履約，諸葛亮又以「弟（指劉備）承兄業，有何不順？」反當魯肅面，罵起孫權乃「錢塘小吏之子，尚自貪心不足，若非我借東南風，周郎安能展半籌之功？」最後逼魯肅簽下「待取西川便還」協定，那取不到西川，豈不就不還了？賴皮也就罷了，臨行還對魯肅，撂下狠話「若不准我文書，我翻了面皮，連你八十一州都奪了！」把稚嫩的孫權、魯肅欺負到家、「喪權辱國」，但這經驗想必對日後孫權「計算、投機」的作風，有刻骨銘心的教訓培養。

孫權是三國最具外交藝術手腕的人物，這也是他最受人忽略處。因為蜀「漢賊不兩立」的正統意識及魏一統中國的目標，都導致蜀、魏沒有外交連橫的彈性「零和」，這留給孫權外交發展的空間，極其高明左右蜀、魏之間，借力使力，求取國家的生存。外交政策上，孫權雖接受蜀之「聯吳」的和好政策，但僅給予蜀伐魏，互不侵犯的政治保證；終其孫權任內，他並不積極於北伐曹魏，採取「等距外交」，赤壁後，魏企圖重整旗鼓，孫權與魏將張遼兩度合淝大戰後，最後，與曹操大戰濡須塢口，雙方均不能獲勝，曹操以「生子當如孫仲謀」視「孫權非等閒人物，紅日之應久後必為帝王。」而有休兵之心，孫權也能軟性勸說下，道出「足下不死，孤不得安。」不但給了猶豫之間的曹操面子上的一個下臺階，也建立北境的「止戰」默契。待關羽「拒婚」孫權，據荊州北伐，威脅吳蜀平衡，孫權改與曹操結盟，共伐關羽，平分荊州南北；為了對抗試圖奪回荊州的劉備，孫權向魏文帝曹丕稱臣，被曹丕拜為吳王；蜀敗後，諸葛亮派鄧芝出訪東吳，恢復「聯吳」政策，兩國又重新和好；孫權不久正式稱帝，蜀以「僭逆」拒絕修好，諸葛亮卻企圖以承認孫權稱帝，換取聯合出兵伐魏，孫權乃從陸遜「既與同盟，不得不從。今卻虛作起兵之勢，遙與西蜀相應。」其靈活手腕，魏蜀逢源，終完成父兄東吳立國霸業。

論才情、魄力，孫權不如曹操，人情、魅力亦不及劉備；然穩健踏實，決不出頭的作風，《三國志》評曰：「孫權屈身忍辱，任才尚計，有句踐之奇英，人之傑矣。故能自擅江表，成鼎峙之業。」但晚年的孫權，卻荒腔走板，《三國志》評以「多嫌忌，果於殺戮，胤嗣廢斃，遂致覆國。」變得驕奢獨斷，賦役、刑罰殘酷，而且廢長立幼，繼承問題成為日後政變國滅的最大禍根，孫權性格與事功，有善始而不能克終，自是更不如曹操與劉備之周延也！

勤政清廉——諸葛亮

「臣死之日，務不使內有餘帛，外有贏財，以負陛下也！」

諸葛亮

諸葛亮（西元一八一年—二三四年）

三國人物中若以才、情較量，曹操為最，但以才、德兼具論，則孔明當屬第一。孔明是中國歷史上公認集道德與智略於一身的完美化身，完全合乎儒家對個人在修身、齊家、治國、平天下的期許。蜀與魏實力相差之巨下，讀其〈出師表〉未有不泣，正是感動他那「知其不可，而為之」的精神與「鞠躬盡瘁、死而後已」氣節也！司馬德操言「臥龍雖得其主，不得其時，惜哉！」《三國志》作者陳壽站在以魏為正統立場上，對諸葛亮的歷史評價「盡忠益時者，雖仇必賞，犯法怠慢者，雖親必罰。」可謂是「政治正確」，避重就輕，才是讓人不知所云。

東漢末年，桓、靈昏庸，政治混亂，「黨錮」之後，廉節志士者，盡將當官視成了恥事，成就清流一族，並多隱居於荊楚，徐庶、孔明與龐統皆出於此，是最大受益者的劉備，他智庫的重要來源。作者羅貫中對諸葛亮的出場，極盡戲劇化安排，而有調人胃口的〈三顧茅廬〉，刻意縱容讀者對諸葛亮才華想像之堆積。

《演義》是自第三十五回〈單福新野遇主〉始：蔡瑁欲殺劉備，劉備以「的盧」馬飛越檀溪，死裏逃生，忙走間，意外見到識人出名之司馬德超，司馬即以劉備之「命途多蹇，蓋將軍左右不得其人耳」而提「今天下奇才盡在於此，公當往求之。」備曰「奇才安在？」司馬曰「臥龍、鳳雛兩人得一可安天下。」劉備方知世間有臥龍其人，但司馬德超卻不示臥龍真名給劉備。

劉備聞諸葛亮之名，直待徐庶（是他隱居容隆中的三大好友之一）被曹操「詐取」，臨去之時，才向劉備推薦諸葛亮「若得此人，無異周得呂望、漢得張良……何愁天下不定！」但「此人可就見，不可屈致也。將軍宜枉駕顧之。」劉備乃親往隆中求見，途中，再遇司馬德超，德超亦謂「其才之不可量也。可比興周八百年之姜子牙與旺漢四百年之張子房也。」劉備乃三顧茅廬，最終「如魚得水」。孔明之出幕於三國舞臺，是在演義第三十八回，玄德見孔明：

「身長八尺（漢制，約今1.85公尺），面如冠玉，頭載綸巾，身披鶴氅，飄飄然有神仙之慨。」

可見孔明在外型上，不論身形、氣質是相當出眾，而裝扮上戴頭巾，披羽毛衣，頗具飄逸「型男」。這也證明傳統京劇裏一貫由老生扮演諸葛亮，小生周瑜場面，連帶電影、視一向以老陳深算者，飾演孔明，都有誤導欠考究之嫌，可見電影〈赤壁〉導演吳宇森於諸葛孔明一角挑選金城武，這是完全正確的。即以孔明、周瑜年紀相比，赤壁戰時（西元二〇八），諸葛亮（西元一八一—二三四）二十七歲，周瑜（西元一七五—二一〇）已三十三歲；周瑜慨生不逢時「既生瑜，何生亮。」，亦可見周瑜必早出，年長孔明。

孔明治學也非如其友「務於精純，惟獨觀其大略」，也就是說不是個讀死書的人且自比「管仲、樂毅」，對自己的能力具有相當的自信，孔明對其隆中隱居好友評論「公仕進可至刺史、郡守。眾問孔明之志若何，孔明但笑而不答。」這暗示了孔明早有清楚的政治抱負與規劃。就地理位置，孔明大可依附劉表與孫吳，其叔諸葛玄依附劉表，其兄諸葛謹則歸依孫權；其族弟諸葛誕也事魏，從曹操得徐庶之不擇手段上看，徐在操前以「庶如螢火之光，亮乃皓月之明也。」倘孔明奔往許昌之曹操，想必也取得重用。

但孔明最終選擇劉備，還是兩人政治中心思想「復興漢室」的一拍即合。當備曰「漢室傾頹，奸臣竊命，主上蒙塵。孤不度德量力，欲信大義於天下，而智術淺短，惟先生開愚拯其厄，實為萬幸！」，諸葛亮方得提出先已企劃好，以「興漢」為旨的《隆中對》，陳說三分天下之計，分析了曹操力強不可取，「若跨有荊、益，待天下有變，則命一上將將荊州之兵，以向宛、洛，將軍身率益州之眾，以出秦川，誠如是大業可成，漢室可興矣。」除劉備伐吳之時，短暫違反此一國策，諸葛亮一生「竭股肱之力，效忠貞之節，繼之以死」者，都投入此一政治使命。

與他〈出師表〉謀國之忠，諸葛亮的「勤政」與「清廉」是他政治上最大的難得，一樣讓人動容。

劉備臨終予諸葛亮「君可自取成都之主」及令後主對諸葛亮「以父事之」的權力方便，諸葛亮乃「（皇）宮中（相）府中俱為一體」，開始獨掌蜀漢軍政大權。諸葛亮勤於政事，凡事親力親為，「事無大小，悉以咨之」，已至「夙興夜寐，罰二十以上皆親攬焉。所啖之食，日不過數升。」無怪司馬懿感慨「食少事煩，其能久乎？」而諸葛亮「工作狂」的態度，連他主簿楊顒（音永）都看下去，亦諫「丞相常自校書簿，竊以為不必，若皆親身家事，將疲形神困，終無一成。豈其智不如僕婢哉？失為家之主道也。」孔明回曰「吾非不知，但受先帝託孤之重，惟恐他人不似我盡心也！」諸葛亮特別重視政府人事的任用，由「親賢臣，遠小人，此前漢之所興也」之經驗，諸葛亮大量啟用文人，這也使蜀漢是三國中最和平、穩定的政權，既無魏大權旁落至權貴家族，亦得免於孫吳宮室骨肉之循環血腥內鬥。

諸葛亮雖位極人臣，在蜀漢政權中大權獨攬十餘年，既不斂財，也不謀任何私利或名位，李嚴曾寫信給諸葛亮，希望他受賜九錫，但諸葛亮卻以不能為漢室收復中原拒絕。其清廉者，諸葛亮臨死前，寫後主：

「臣家成都有桑八百株，薄田十五頃，子弟衣食自有餘饒。隨身衣食，悉仰於官，不別治生，以長尺寸。臣死之日，不使內有餘帛，外有贏財，以負陛下也！」

其律己之嚴，遠勝今世「陽光法案」。其家教之要求，不只把自己獻給蜀漢，連帶他的長子諸葛瞻、長孫諸葛尚，也一起在衛護蜀漢的最後戰爭中戰死沙場。

至於諸葛亮的軍事才能，在劉備與劉禪後主時代，呈現出不同的風格。劉備階段，火燒博望、赤壁大戰、智取漢中與益州，其中借東風、草船借箭、七擒孟獲，用兵風格大膽、靈活如神。平定南蠻之後，諸葛亮開始他的終極目標北伐，我們發現從此諸葛亮僵持於祈山與長安的沉悶之間，六次北伐，仍難以有成，主要原因還是蜀魏人口、土地的國力差距，但是諸葛亮戰術的保守，一旦不得速戰，糧草接繼困難，只能徒呼奈何！加上又逢對手司馬懿「不行險，據守不出」的消耗拖延，打到諸葛亮痛處，結局盡瘁於五丈原。

除政治、軍事與完美的道德，諸葛亮另特別可道者是他殺人不償命的口才，他踢館江東，舌戰群儒，罵得孫吳群臣是「既為漢臣，公乃以天數歸之（曹操），真無父無君之人也！」羞孫權「今江東兵精糧足，且有長江天險，猶欲屈膝降賊，不顧天下恥笑——由此論之，劉豫州真不懼操賊者矣！」；政治對手上，「三氣周瑜」，弔喪痛哭，騙得連魯肅都以「孔明自是多情，乃公謹量窄，自取死耳。」真是賺人夠夠；除氣死人外，諸葛亮罵死魏司徒王朗，「皓首匹夫，蒼髯老賊，汝即日將歸九泉之下，何面目見二十四帝乎！」王朗陣前倒栽馬下；魏大將曹真，也難逃諸葛亮一書羞辱，看完也是「恨氣填胸」，一命嗚呼哀哉！

諸葛亮行有餘力，也有諸多的軍事及運輸的技術發明，如「連弩」及解決長途糧草運輸的「木牛、流馬」。至於現在最有名「天燈」亦來自「孔明燈」；諸葛亮基於人道，為廢除南人用人頭以祭瀘水，發明「饅頭」以代之，意外跨足食品界，成「糕餅業」祭拜之鼻祖，應為諸葛亮所始料未及。

混義氣，不混政治——關羽

「竊聞義不負心，忠不顧死，羽自幼讀書，粗知禮義，觀羊角哀、左伯桃之事，未嘗不三嘆而流涕也。」

關羽

三國人物中，有足智多謀者如曹操，圓融人和者如劉備，守成精算者如孫權，人品完美者如諸葛亮，善戰恭謹者如趙雲，但足讓後世景仰，以至神格地位者，關羽卻是惟一。

如果單純以事功、修養、能力或文采，不論個別或加總計，關羽實非突出，但其讓人千秋感念者，正是他那不攙一絲雜質，以忠義為鑄的人格，更細分析之，關羽真正動人，與其說是忠於抽象、教條

關羽（西元？年—二二〇年）

的春秋大義，不如說是他對劉備的兄弟情義，混的是「義氣」，不是政治，才是令人最真實、直接的感動。身懷絕技，武藝絕倫的關羽，能在當時「賢臣擇主而事，良鳥擇木而棲」之流行人事，遇人不淑當趕緊「棄暗投明」之信仰時代中，不待價而沽，終身認定劉備一主，可說完全是「非典型」之時代人物，但天賦的勇猛，也養成關羽天真高傲的性格，輕視謀略，不屑用計，真情任性，最終仍不敵現實利害的人世。

為突顯關羽三國第一戰將的實力與形象，關羽打從演義第一回出場，其身型、相貌，就有宛若天神之姿，神聖不可犯：

「身長九尺，髯長二尺，面如重棗，唇若塗脂，丹鳳眼，臥蠶眉，相貌堂堂，威風凜凜。」

加上重量級配備——青龍偃月刀，重八十二斤；座騎則是日後曹操所賜呂布之赤兔馬。所謂「忠臣不事二主，好馬不配二鞍。」關羽被東吳所害後，該馬也「數日不食草料而死」，蓋赤兔馬亦能分辯忠義，與關羽相得益彰。

演義中，關羽斬敵將下馬，伸張漢室的心理暗示，絕對是讀演義者痛快享受。演義不斷刻意量身打造關羽加赤兔馬，疾如風，勢如火，快狠準的武打戲碼，關羽是非名將不斬，否則不足昭「武聖」威信，首拔頭籌之受害者，乃「溫酒斬華雄」一幕：初出道，名不見經傳之關羽，當下見董卓帳下名將華雄，連斬袁紹大將俞涉、潘鳳後，十七路諸侯盟軍帳下，一籌莫展之時，關羽慨然而出，願斬華雄，袁紹卻以關羽身份低下，痛叱羽，只見曹操：

「操教釃熱酒一杯，關公曰『酒且斟下，某去便來。』出帳提刀，飛身上馬。關外鼓聲大震，喊聲大舉如天崩地塌，嶽撼山崩。正欲探聽，鸞鈴響處，馬到中軍，雲長提華雄之頭，擲於地上——其酒尚溫。」

待關羽降曹時，袁紹圍曹操於白馬，袁紹帳下名將顏良斬宋憲、魏續，連徐晃不敵（可見顏有實力），讓原先害怕關羽立功而去的曹操，也只好打出這張王牌救急，陣前，當操以「勇不可當」介紹顏良，關公卻傲以「吾觀顏良，如插標賣首耳。」當下：

「關公奮然上馬，倒提青龍刀，鳳目圓睜，蠶眉直豎，河北軍如波開浪裂，關公逕奔顏良，顏良正在麾蓋下，見關公衝來，方欲問時，關公赤兔馬快，顏良措手不及，被雲長手起一刀，刺於馬下。」

顏良之後，換文醜上場，一箭射倒張遼座馬，徐晃連番不敵，只見「一將當頭提刀飛馬而來，文醜戰不三回合，心怯撥馬而走，關公馬快，腦後一刀，將文醜斬下馬來。」

關羽人生高峰當領荊州兵，北伐魏，破襄陽，攻樊城，關羽棋逢敵手於龐德，「二將戰得百合，兩軍看得癡呆。」關公甚至被龐德以箭所傷，首次掛彩，待水淹七軍，擒于禁、龐德，對于禁伏地乞命，關羽之高傲「吾殺汝，猶殺狗豬耳。空汙我刀斧。」；於「痛罵不絕」之龐德，卻「憐而葬之」。

關公生理之堅強，已非凡人，關公破七軍之後，又被曹仁以毒箭所傷，且毒已入骨，神醫華陀建議「需公懸綁臂於柱環，以布蒙首，以行刮骨療毒」，關公卻是毫不在乎：

「公笑曰『如此，容易，何用柱環。』，伸臂令華陀割之，血流盈盤，骨上已青，陀用刀括骨，悉悉有聲；公飲酒吃肉，談笑下棋自若，全無痛苦之色。陀曰『某為醫一生，未嘗見此，君侯真天神也！』。」

關羽只知一義，不見世故的天真執著，遇見愛才的曹操，交織出一段至情與至性者，至忠義者與至權謀者，「一個願打，一個願挨」的有趣畫面：曹操自關公溫酒斬華雄之後，直待徐州被曹攻陷，劉關張失散後，終說得關羽依靠，而關羽「但知兄長資訊，雖遠必往」條件，所訂之「土山」協定，大概也是世界最荒謬的降約，曹操卻納之。

在三日一小宴，五日一大宴中，操見關公所穿綠錦戰袍已舊，度其身品，取異錦戰袍相贈，關公受之，穿於衣底，上仍用舊袍罩之。操問之，公曰「舊袍乃劉皇叔所賜，某穿之如見兄面，不敢以丞相之新賜而忘兄長之舊賜，故穿於上。」關公將兩錦袍穿於身（想必不太舒服），以示兩全，操嘆曰「真義士也。」

操賜赤兔馬；關公再拜稱謝。操不悅曰「吾累送美女金帛，公未嘗下拜，今吾贈馬，乃喜而再拜，何賤人而貴畜耶？」關公曰「吾知此馬日行千里，今幸得之，若知兄長下落，可一日而見面矣。」，一般人被這股冷水澆到，大概不結冰，也心死氣結。操卻欣賞關羽之天真，嘆曰「事主不忘其本，天下義士也！」

待過五關斬六將，人財兩失的曹操卻是「不忘故主，來去明白，真丈夫也！通令關隘口，任便放行。」關羽的「重義」與曹操之「容忍」，演出一段即使最正直之人與一代奸雄也有「相互」欣賞的交集，曹操的付出雖「恨吾福薄，不得相留」，卻終在「華容道口」得到回報。

關羽一生行事上，幾乎不見任何道德瑕疵，已到超凡入聖，曹操在羽降之後，即測試關公「使關公與二嫂共處一室。」打算誘關公「亂君臣之禮」，結果「關公秉燭，立於戶外，自夜達旦，毫無倦色。」，關羽之高傲就在全靠真本事、硬功夫，不屑耍詐、用計。遍尋演義，惟一稍可見例外者，就是劉備賴荊州已到賴不下去時，劉備決定推給關羽，謂魯肅「荊州事由雲長決定」，還好心警告「吾弟性烈如火，吾亦懼之。宜好言說之。」關公大概跟劉備久了，略學皮毛，見諸葛瑾來討，先以「將在外，君命有所不受」混賴；魯肅乃藉請關公吃飯為名，一旦不成，打算動手，關羽單刀赴會，眼看說不下去，直接對魯肅曰「公今請赴宴，莫提起荊州之事，吾今已醉，恐傷故舊之情。」，關公乃藉酒「手提大刀，親握魯肅，肅魂不附體。」挾持魯肅，搭船脫身。

《三國誌》作者陳壽評曰：「關羽、張飛皆稱萬人之敵，為世虎臣。然羽剛而自矜，飛暴而無恩，以短取敗，理數之常也。」素來萬人敵的猛將，很少不剛而自矜的，但這般性格於人事尚可，於國事則可議，關羽竟天真、賭氣要放下守衛荊州之重任，入川想與馬超比武一較高下，還勞諸葛亮哄關羽：「孟起兼資文武，雄烈過人，一世之傑，當與翼德並驅爭先，猶未及美髯公之絕倫逸群。」另黃忠榮登五虎將之列，關羽對這位手下敗將，高傲至怒曰：「大丈夫終不與老卒為伍！」幸得費詩解說，關羽才接受。「高傲、天真，剛烈、自信」的英雄主義人格是關公可愛之處，卻也成了致命原因。

關羽擒于禁，斬龐德，威震華夏，關羽北伐之聲勢，曹操與孫權都不得不結盟，曹甚至打算遷許都以避，聲勢尤過諸葛亮之六出祁山，然孫權仍試圖作最後與關羽修好，欲通兩家子女婚姻之好，豈料，關羽竟辱罵「吾虎女安肯嫁汝犬子！」孫權終決定背盟，與曹操聯合夾攻關羽，此任性誤大事者一。關公也知調兵北上則荊州空虛，懼呂蒙偷襲。呂蒙「適時」稱病，以年輕不見經傳者陸遜代替，關公果啟輕敵之心「仲謀見識短淺，用此孺子為將。」正中關羽高傲性格者二。待孫權擒關羽，欲效曹操「以禮相待，使之歸降。」但一想昔日曹操「三日一小宴，五日一大宴，上馬金，下馬銀，結果是斬關殺將，幾欲遷都。」精於計算的孫權自以後患視之，論氣度孫權不如曹操也。

「關羽大意失荊州」是三國局面的一個重大轉折，一般也以此對關羽作出相當的惋惜與批評。但令人不解矛盾是如此重大的「北伐」戰事，為何趙雲、張飛、黃忠、魏延、馬超等將領盡在西川，不予派一、二將支援或留守荊州？諸葛亮又豈不知關羽身旁無優秀謀士，竟任其與用兵謀略一流的曹操相抗對決？演義也暗示原鎮守荊州之諸葛亮於龐統意外身亡，奉命入西川輔劉備攻劉璋時，原本就不屬意關羽出掌荊州；臨行交接，諸葛亮口試關羽「吳、魏俱來攻荊州，何如？」關竟答「分兵拒之」，這表示蜀之最高戰略「聯吳制魏」，身為一上將之首的關羽是毫無概念，諸葛以劉、關兄弟之情，不願堅持，由此觀之，諸葛亮事後以「關公平日剛而自矜，故今日有此禍。」有鄉愿嫌！

不失赤子之心——張飛

「卿酒後暴怒，鞭撻健兒，而復令在左右，此取禍之道也。」

劉備

張飛（西元?年—二二〇年）

劉、關、張桃園三結義中，角色搭配上，自以劉備仁義處事的白臉為主戲。關羽威武不屈是忠義化身，但限於身段太高，因此，這「黑臉」大任，自落在好惡分明、喜怒形於色的張飛身上，加上生得「身長八尺，豹頭環眼，燕頷虎鬚，聲若巨雷，勢如奔馬。」，張飛不吐不快的直接了當與劉備欲語還休之婉轉陰柔，兩人一搭一唱的「雙簧」，讓劉備作好人的功夫發揮到了極至。

中國傳統文化中，張飛以其勇猛、魯莽、嫉惡如仇而著稱，以《水滸傳》人物對照，張飛基本上是林沖（亦是豹頭環眼，燕頷虎鬚）的外貌與李逵性格的合成。張飛有話直說，凡事挑明的乾脆作風，自《演義》首回〈宴桃園豪傑三結義〉出場就表露無遺。劉備在看到朝廷召募義軍榜文時，慨而長嘆，站在身後，直腸子個性的張飛，厲聲言曰「大丈夫不與國家出力，何故長嘆？」玄德回視這位「大聲公」，回以「吾漢室之後，有志破賊安民，恨力不能。」一旦投機拍合，張飛也不顧財不露白，馬上曰「吾頗有莊田、資財，屠豬賣酒，與公同舉大事如何？」張飛竟成了劉備合夥初起事的金主。再者見了路見不平，殺人離鄉的關公，張飛也是二話不說，提議在自家莊後的桃園三人結義，所有事情都水到渠成，一次辦完。少了張飛這種「心動馬上行動」的性格，只怕劉備大概還在長噓短嘆恨力不能，起兵、結義不知等到那年？

但張飛個性的中的「魯」，急事火爆的個性，也馬上成了劉備的麻煩製造者。待玄德討了黃巾，與孫堅俱表奏功，等候封賞之時，「孫堅因有人情，除別郡司馬上任去了，惟玄德聽任日久，不得除授。」好不容易靠人求情，討得一安喜縣尉之職，又遇督郵索賄，痛斥玄德「詐稱皇親，虛報功績」，玄德只能「唯唯諾諾，連聲而退」。這旦讓張飛聞知（他最受不得者，就是別人欺負他眼裏「爛好」哥哥），怎善罷甘休，「睜圓環眼，咬碎鋼牙，把門人那裡阻擋得住，直奔後堂」，將此「害民賊」的督郵，揪髮扯出館驛，綁上馬樁，以柳條痛打出氣後，三人落得官府通緝，跑路去了！

張飛最可愛的個性還是在其「直」。劉備顧及「仁義」形象下，默契上，常由張飛講出劉備心中之不能言者，往往渾然天成，一語到位，反讓事情獲得進展。在〈陶謙三讓徐州〉，眾人勸進取代，玄德堅持有失仁義不肯，飛曰「又不是我強要他州郡，他好意相讓，何必苦苦推辭？」劉備只好順大家要求暫代，眼看事情告一段落，貪婪自大的呂布又來徐州，正好讓專治惡人的張飛派上大用了！

呂布來投徐州劉備，初見面，劉備表示讓位，要不是張飛在旁一付準備翻臉樣，呂布也不打算客氣。一旦張飛生了戒心，凡是看呂布也不順眼，一日，飲酒相待間，玄德習慣謙讓呂布，呂布託長回「賢弟不必推讓。」這可讓張飛總算找到碴，大動肝火，曰「我哥哥金枝玉葉，敢稱我哥為賢弟，你來，我和你大門三百回合。」玄德連忙喝住。一句客套話，就要與人單挑，雖嫌莽撞，但這也是讓呂布者流，習作客之道，收斂的最好方法。

劉備雖領徐州，卻未得皇帝詔命公證，曹操乃行兩面刃計，一面假天子詔封劉備，卻秘詔附帶須殺呂布，這讓劉備「他來投我，殺之不義」陷入兩難，說與不說時，恰呂布來見，張飛趁此機會，拔劍欲殺之，大喊「曹操道你是無義之人，教我哥哥殺你！」玄德連聲喝退，卻也算幫了劉備化解開口尷尬。

呂、劉終究結下猜忌，待劉備討袁術，在張飛承諾不飲酒之下，劉備方授徐州守城重任。玄德一走，張飛設宴「今日盡此一醉，明日都各戒酒。」根本是「最後一次」的童心賴皮；酒席間，張飛勸酒呂布丈人曹豹，曹豹酒力不勝下，真是那壺不開，提那壺，與飛曰「看我女婿面，且恕我吧！」讓張飛新仇舊恨一起發洩「你把呂布來唬我，我偏要打你，我打你，就是打呂布。」張飛之稚氣、跋扈，讓人啼笑皆非。終究，呂布還是趁張飛之酒醉誤事，竊取了徐州，劉備進退失據下，只有屈辱拉下臉，接受呂布的邀請，反主為客，屯兵小沛。事因皆由張飛起，舊恨加新仇，張飛自不可能嚥不下這口氣，終於「詐妝山賊」，奪了呂布良馬百五十匹，呂布來問，雖是寄人籬下，張飛竟回「是我奪了你好馬！你今待怎麼！」一付作賊還要打人樣，呂布罵曰「環眼賊，你累次藐視我！」張飛直接挑明「我奪你馬你便惱，你奪我哥哥的徐州便不說了！」這可把雙方的最後一塊遮布也掀了，呂布趁此攤牌，了結積怨，劉備只好打包走人，投曹操去了。

隨著曹操之控制北方，孫權穩固江東，諸葛亮終建言劉備「今有荊襄、兩川之地，可暫為漢中王。」但曹操不篡漢，綁死劉備「不得天子明詔，是僭也」，吃定劉備不得稱王之正當性；讀聖賢書之滿朝文武，在春秋正統的大帽子下，壓得說不出口，只待張飛按耐不住「異姓之人，皆欲為君，何況哥哥乃漢朝宗派，莫說漢中王，就稱皇帝，有何不可！」玄德叱曰「汝勿多言！」」。一旦發難，眾臣響應，玄德推辭不過，只得依允！從此總算擺脫曹操「挾天子以令諸侯」的魔咒！張飛之「直」幫了大忙。

張飛之善戰，世人有「猛」張飛之謂，關羽斬顏良後，當曹操之面誇讚「吾弟張翼德於百萬軍中取上將之首，如探囊取物耳。」操即令各將「寫於衣袍襟底以記之。」這句話在曹軍追至當陽長阪坡，提醒了曹操，發揮了極大心理戰效果。《演義》第四十二回〈張翼德大鬧長阪橋〉卻說文聘引軍至長阪橋，俄而，曹仁、李典、樂進、夏侯惇、夏侯淵、張遼、張郃、許褚等至，只見張飛「怒目橫茅，立馬橋上」，厲聲大喝「『吾乃燕人張翼德也，誰敢與我決一死戰。』聲若巨雷，曹軍聞之盡皆股慄，曹操身邊之夏侯傑驚得肝膽碎裂，倒撞於馬下。」張飛見曹兵退，卻多此一舉斷橋，回見玄德，正待誇口，卻因斷橋示心怯，讓玄德惜「吾弟勇則勇矣，惜失於計較。」

《演義》中的張飛，雖以「魯、直、猛」突出張飛性格基調，其實張飛本性就有知過則改的乾脆，不見得是一味硬坳。譬如劉備以「如魚得水」比喻得諸葛亮之喜悅，一味的謙恭禮遇，讓張飛吃味到當曹操殺到博望之時，點兵調度時，趁機對對劉備酸以「何不使水去！」然一旦孔明現出真材實料，張飛二話不說的就甘拜臣服。劉備下荊州後，取西川的過程中，張飛性格、思慮卻呈有勇有謀，漸入佳境的成長、蛻變，與先前判若兩人，〈義釋嚴顏〉的粗中有細與敬賢愛才，及〈智取瓦口〉的一改徐州飲酒誤事失之過，反以飲酒騙得大敗張郃。

張飛出兵西川，難得記取了諸葛亮臨行叮囑：「益州豪傑甚多，不可輕敵。於路戒約三軍，勿得擄掠百姓，以失民心。所到之處，並宜存卹，勿得恣逞鞭撻士卒。」因而進展順利，「所到之處，但降者秋毫無犯」，不久就來到巴郡。巴郡太守嚴顏，「乃蜀中名將，年紀雖高，精力未衰，善開硬弓，使大刀，有萬夫不當之勇，據住城郭，不豎降旗。」張飛在嚴顏老謀深算下，幾翻不利，頭盔還被中了一箭；難得沒起性子，拿部下出氣，反能思謀用計、想方設法。他「傳令教軍士四散，砍打柴草，尋覓路徑」，故意讓嚴顏得報，騙嚴出城，欲伏擊張飛，卻被張飛生擒。重點是，當嚴顏毫不畏懼，厲聲「卿等無狀，侵奪我州。我州但有斷頭將軍，無降將軍也！」飛能「轉嗔為喜，壯而釋之」，張飛不但展現擒嚴顏之智，更難得是義釋嚴顏，懂得攻城為下，攻心為上，真是今非昔比，令人不能不刮目相看了。

曹操佔有漢中後，張飛迎戰魏將張郃，兩軍對峙巴西五十多日，張飛「就在山前大寨，每日飲酒，飲至大醉，坐在山前大罵」，劉備擔心張飛飲酒失事，恐徐州事再演，諸葛亮卻知「翼德自來剛強，然前收川之時義釋嚴顏，此非勇夫所為也；此非貪盃，乃敗張郃之計也。」

反大送飛好酒，書名「軍前公用美酒」，張飛「將酒擺列帳下，令軍士大開旗鼓而飲，令二小卒面前相撲」，果誘張郃下山，智取瓦口。

也許張飛的蛻變正要改寫歷史，惜不久，關羽遇害荊州，飛聞知，「旦夕號泣，血濕衣襟」，劉備決尅日興師，孔明引眾百官苦勸數回，「先主見孔明苦諫，心中稍回」時，成了關鍵一票的張飛「趕至演武廳伏拜於地，抱先主足而哭『桃園之誓不可忘，若不報仇，臣寧死不見陛下！』」倘飛當時能有意外的理性表現，更大的歷史也許可因飛而易也！

劉備在世時常勸張飛：「卿酒後暴怒，鞭撻健兒，而復令在左右，此取禍之道也。」知弟莫若兄，後來果然以此死在其部下張達、范疆之手，本性難移，性格決定命運者，莫此為甚！

善戰者無赫赫之功——趙雲

「國賊乃曹操，非孫權也。漢賊之讎，公也；兄弟之讎，私也。願以天下為重。」

趙雲

趙雲（？—二二九年）

趙雲雖然不及關、張有「萬人敵」之光芒美譽，性格也無關、張英雄主義的戲劇化亮眼，然關、張天真、躁進的性格，與太早的消逝，總讓人有施展不足之遺憾；相對地，趙雲細水長流，持盈保泰的「穩健」作風，總能認真、本份完成使命，雖無華樸實，確是「善戰者無赫赫之功」謂。不論在早期的荊州、西川，至後主時期之南蠻、北伐，趙雲幾乎是無役不與，不單是蜀國實質貢獻最大的將領，而趙雲條理分明、謹嚴有序的行事及以大局為重，識大體的人格，也是諸葛亮最信任的戰將。《三國演義》中的趙雲文武雙全，謹慎、謙卑與正派，近乎完美無缺的形象，永遠是最受人景仰與喜愛的第一將軍。

趙雲雖不及與劉備結為兄弟，但情義不下關張。趙雲之出場見《演義》第七回〈袁紹磐河戰公孫〉時，大戰文醜，救出公孫瓚：

「公孫瓚馬翻跌落，文醜急撚鎗來刺，忽見草坡轉出一個少年將軍，生得身長八尺，濃眉大眼，闊面重頤，威風凜凜。」

劉備也因同時出兵為公孫瓚解圍，方得見子龍，劉備與趙雲可說是一見如故，劉備數度言「吾初見子龍，便有不捨之心。」但也就差此頃刻，趙雲已為公孫瓚捷足先登，之後劉備就想方設法，想從他老同學公孫瓚處挖角，劉備向公孫瓚借兵救徐州時，就乘機借子龍一行，戰事畢，玄德與子龍又是「揮淚以別」。

趙雲雖亦有心依託劉備，但不趕「棄暗投明」的人事流行，直到公孫瓚兵敗袁紹，舉家自盡後，才往尋劉備，而此時的劉、關、張也被曹操擊敗，四散分離，直到劉備終離開袁紹，關羽則是過五關斬六將，脫身曹營，劉、關先得重聚，正欲前往張飛所據古城團圓時，周昌來報「有一將單騎而來，極其雄壯，不知姓名，佔了山寨。」玄德有如心電感應當是子龍，劉關張趙終在古城重新團聚。羅貫中藉劉關張的失散，安排古城的團圓時機，再加入趙雲，使「古城會」作為「劉關張趙」的二次桃園結義。

趙雲保持警覺，謹慎行事的性格，也成了諸葛亮最信任的將領；趙雲穩重任事的性格，不論是「可能」與「不可能的任務」，諸葛亮總以子龍為第一人選。

劉備失言介入劉表家族之內部繼承糾紛，蔡瑁計畫席宴間殺之，卻是趙雲將馬步軍三百圍繞保護，「披甲掛劍，行坐不離左右」，逼得瑁難以下手。直到蔡瑁強支開趙雲，欲殺玄德，玄德以尿遁，飛馬過檀溪，趙雲尋路來找，正遇蔡瑁，「趙雲是謹細之人，不肯造次，即策馬前行。」查看「大溪別無去路」，才喝問「汝請吾主赴宴，何故引軍馬來追？」趙雲鎮靜與臨事而不亂，先忍住性子，將情況、地形弄清楚，再予責問，不起無補於事的衝突，也難怪《演義》稱讚他「謹細、不造次」。

趙雲也是第一保全的代言，是安全的保證。孫權想嫁妹，綁架劉備，以奪回荊州，諸葛亮派趙雲隨護劉備赴會，諸葛雖有高明指點，然趙雲的穩當執行，卻是化險為夷關鍵。《演義》第五十七回〈柴桑口臥龍弔喪〉，諸葛亮弔祭周瑜時，也親挑趙雲帶劍隨護，嚇阻周瑜部將不敢下手。

趙雲處事之周全與顧慮，以一軍人將領的標準已到「六星級」。赤壁之戰後，趙雲征戰荊州之桂陽，太守趙範納降，因同姓，與雲結為兄弟，趙範意欲以兄之寡嫂樊氏，結親趙雲，如孔明謂「此誠美事也！」一般人自名正言順，順勢而為。但趙雲卻能「深謀遠慮」至倫理、名節及安全的所有細節上：

「吾與趙範既結為兄弟，其嫂即吾嫂，豈可作此亂人倫之事。一也。其婦再嫁，使失大節，二也。趙範初降，其心難測，三也。更何況天下女子不少，但恐名譽不立，何患無妻子乎？」，玄德曰「子龍真丈夫也！」

趙雲為將魅力，其實不全在勇猛的外表，而在他專注與認真的態度，不犯「輕敵與驕兵」的弱點，演義不見其幹過「劫寨」舉動，不論對手強弱，總是以最認真，全力以赴的態度迎戰。劉備逃奔江陵，於當陽長阪被曹操大軍所追，妻兒都在亂軍中失散，趙雲乃匹馬單槍，闖進曹操萬軍之中，「我上天入地好歹尋主母與小主人，如尋不見，死在沙場也！」趙雲取得阿斗，奮力血戰，「所到之處，威不可當」，連曹操亦嘆「真虎將也！」下令「如趙雲到不許放冷將，只要捉活的！」這一大方，可讓趙雲「直透重圍，砍倒大旗兩面，奪槊三條，殺死曹營名將五十餘員。」

孫權乘劉備入益、川時，用張昭之計，假稱吳國太染病，騙取孫夫人，孫夫人不疑帶阿斗歸吳。也是趙雲第一時間，就警覺有異，駕船追趕，接近時，如電影情節一樣，「掣所配青釭劍在手，望吳船湧身一跳，早登大船，一手抱定阿斗，一手仗劍，人不敢近。」張飛及時駕船趕到，乃殺死周善，和趙雲一起帶阿斗回荊州。

劉備取漢中，黃忠斬夏侯淵，急功自信，以主將自居，竟對趙雲「你是副將，何必爭先？」，不論親疏、五虎排輩，趙雲不但不以個人榮辱為先，卻能明大體「我與你都一般為主公出力，何必計較？」果然黃忠為魏將張郃、徐晃困，幸賴趙雲「殺入重圍，左衝右突，如入無人之境，那鎗渾身上下如舞梨花，遍體紛紛，如飄瑞雪。」讓操懷念起「昔日當陽長阪英雄尚在！」趙雲退至漢水，偃旗息鼓，單鎗匹馬，立於營外，城門大開，張郃、徐晃不敢進，時天色昏暗，趙雲「把鎗往後一招，壕中弓弩齊發，操回馬便走，蜀兵喊聲大震，曹兵自相踐踏，擁擠至漢水邊，落水死者，不計其數。」孔明曰「子龍一身是膽也！」

趙雲不空有武將之藝，也有政治上的敏銳判斷。益州既定，玄德自領州牧，欲將成都有名田宅，分賜諸官，雲諫曰「益州人民，屢遭兵火，田宅皆空，今當歸還百姓，安居樂業，民心方服，不宜奪之為私賞也！」這對剛易主的益州百姓，絕對有收攬民心，替劉備政治加分的效果。

關羽遇害荊州，劉備伐吳，勸阻劉備「國賊乃曹操，非孫權也。漢賊之讎，公也；兄弟之讎，私也。願以天下為重。」趙雲的理智與政治戰略的清楚，即使文官也不過如此。

孔明平南蠻後，開始北伐，已屆七十幾歲的趙雲堅請前鋒，「否則撞死階下」，為表現抗老，力斬韓德一門五將，這也是他在沙場的最後演出，即便街亭的失守，導致第一次北伐的全面潰敗，各軍之中，卻「惟子龍不折一人一騎，因子龍獨自斷後，敵人害怕，因此軍資什物，不曾遺棄。」孔明曰「真將軍也！」

待孔明二度北伐前夕，趙雲病逝，一生幾以完美演出落幕；失去這位他最愛與最有默契之搭檔將領，孔明跌足而嘆「吾去一臂也！」就讀者言，蜀之失去趙雲，那種感受是最不捨的痛惜，當然其中也有對諸葛亮未來更加孤獨與無助的同情。

人生七十才開始——黃忠

「今雖七旬有餘，尚食肉十斤，臂開二石之弓，能乘千里之馬，未足為老。」

黃忠

清版三國演義黃忠像

三國是一個年青人爭先煥發的風雲時代，由催生三國的代表大事——赤壁之戰來看，當時東吳聯軍領導人物如孫權時年僅二十六歲、諸葛亮二十七歲，即最年長之周瑜也三十三歲，這群初生之犢與北方時年五十三歲的曹操相抗衡，基本上，就是兩個世代的交替之戰；正謂英雄出少年，曹操亦嘆孫策之「獅兒難與爭鋒」，後嘆「生子當如孫仲謀！」。爾後，劉備

（六十一歲）傾全國之師伐吳，不幸也敗於他口中的「孺子」陸遜之手，陸遜時年三十八歲。

正所謂美人怕遲暮，英雄怕白頭，但三國中的老將一族，卻充分展現「家有一老，如有一寶」的風範價值。長江前浪不懼後浪下，老將如保養得宜，又有不退血氣之勇，儘管戰場上，不講敬老尊賢這一套，然縱橫沙場，仍遊刃有餘。這群銀髮族將軍在吳有黃蓋不顧年老，而有苦肉計詐降曹操的感人事蹟；蜀之出名老將則有「斷頭將軍無降將軍」之嚴顏，但皆不如黃忠，是三國老將之典範。

黃忠歸劉備之時已近六旬，他把握了人生最後的階段開始發光發熱，不停證明中國人「人生七十才開始」的名言絕非空話。黃忠雖老，但性格單純可愛，不論是晚輩小將的關心還是嘲笑，或諸葛亮刻意的激將利用，「老」就像孫悟空的箍咒一般，黃忠一聽到，就非得唸一遍「吾雖年老，尚能開二石之功，有千斤之力……等」，然後精神百倍去證明自己的老將價值，直到劉備的無心失語，黃忠總算得以在東吳戰場上退休（中箭而亡），臨終前，黃忠仍感謝劉備，給他一生在沙場證明自己機會，不怨不悔，誠最令人感動也！

黃忠是長沙守將韓玄帳下勇將，關羽取長沙時，孔明即警告他「今長沙太守韓玄固不足道，只是他有一員大將，乃南陽人，姓黃名忠，字漢升，雖今年近六旬，卻有萬夫不當之勇，不可輕敵……」可見黃忠出道晚便罷了，一出場還是已年近六十老將，且開幕戰就遇上三國的

「第一種子」關羽，然黃忠也箭術了得，「能開兩石之弓，百發百中」，在大刀對弓箭下，黃忠的忠義赤子心，竟在「刀劍無義」的戰場廝殺之中，以神箭射關羽頭盔，以示不忘關公大刀「不殺之恩」，以致韓玄懷疑黃忠有「關通」放水之嫌，黃忠也自知理虧，在同事魏延殺韓玄以投劉備時，先「攔當不住」，後「託病不出」，直劉備親赴其所，黃忠乃請命「求葬韓玄屍首於長沙」後，乃降，以此區隔黃忠不忘舊情與魏延格調之不同。

劉備終需建立自己的地盤，決心奪取同宗劉璋之西川與之後的漢中，這兩大基業之戰，都是以老將黃忠扮演第一男主角，只是每戰之前，都要先通過抗老體檢。標下西川第一戰先鋒的當下，第一個以老質疑黃忠，竟是他昔日老同事魏延以「老將軍年紀高大，如何去得？老者不以筋骨為能，吾聞冷苞、鄧賢乃蜀中名將，血氣方剛，恐老將軍近他不得，豈不誤了主公大事！」這左一句、右一句的老，氣得黃忠，當場就要比畫起來「汝說吾老，敢與我比試武藝麼？」玄德乃只好讓兩人領自軍，各打冷苞、鄧賢寨，先贏者，領頭功。魏延不改貪功本性，想包辦兩寨，以顯能耐，結果中伏，幸賴黃忠救出，擊敗冷苞、鄧賢，大勝而回，黃忠乃見玄德說「魏延違了軍令，可斬之」，讓玄德扮起和事佬，「令魏延謝黃忠救命之恩，今後毋得相爭」，魏延「頓首伏罪」，從此再也不敢言黃忠老。

西川之後，也是由黃忠意外打敗張郃，取下天蕩山，而啟動劉備圖取漢中。曹操塵兵漢中，派魏將張郃來取葭萌關，守將孟達告急，孔明故意以「郃乃魏之名將，非等閒所及，除非翼德無人能及。」激出黃忠再拔頭籌上陣，孔明怕藥效不足，再激之「漢升雖勇，爭耐年老，恐非張郃對手。」這個『老』字可讓黃忠激動至「白鬚倒豎而言『某雖老，兩臂尚開三石之弓，渾身還有千巾之力』」光說不夠，黃忠還「趨步下堂，取架上大刀，輪動如飛；壁上硬弓，連拽折兩張。」，決心指數破表，還刻意選「同庚」嚴顏為副將隨行，這「二老」陣容，連最嚴謹趙雲都加入質疑「軍師休為兒戲，何故以二老將當此大敵乎？」孔明卻早已料定「汝以二人老邁，不能成事，吾料漢中必於此二人手內可得。」

就這樣由兩位「人瑞」級的黃忠、嚴顏領兵關上，孟達見了也不悅「如何只教兩個老的來。」，當下，黃忠激勵嚴顏「你可見諸人動靜，他笑我二人老，今可建奇功以服眾心。」，嚴乃放下身段，甘心「願聽將軍之令。」同心殺退張郃，再一舉而下張郃把守的漢中之鑰——天蕩山，天蕩山乃漢中糧倉，法正勸進「天蕩失守，漢中可得，此天與之時，不可失也。」至於不二人選，孔明又百試不爽的故計重施，這次連玄德也加入，先問黃忠可取定軍山否？待黃忠說好；孔明又佯以激之「夏侯淵非張郃之可比也，深通韜略，善曉兵機，將才也。今將軍勝張郃，未卜能勝夏侯淵，吾欲酌量一人去荊州替回關將軍來，方可敵之。」黃忠再以「昔廉頗八十尚食斗米，肉十巾，何況忠未及七十！」，果然定軍山戰役中，黃忠在法正居高臨下的觀測，突襲斬殺曹操大將夏侯淵，漢中終於落入劉備手中。

同年，劉備稱漢中王，黃忠的努力，使他榮登「五虎」之列，諸葛亮認為：「忠之名望，素非關、馬之倫也。而今便令同列。馬、張在近，親見其功，尚可喻指；關遙聞之，恐必不悅，得無不可乎！」也就是說黃忠的名氣已不如關羽、馬超，現今讓他們同列，固然馬超、張飛由於現場親眼見到黃忠的功勞，還可心口皆服；但關羽遠在荊州聽到這個消息，恐怕不會愉快，而反對！果然，關羽對這位昔日對手與他並列，憤怒的說：「大丈夫終不與老卒同列！」老成了黃忠揮之不去的刻板印象了。

關羽遇害，劉備攻吳，見二代子弟關興、張苞陣前立功，失口「昔日從朕諸將，皆老邁無用矣！」永不服老的黃忠聞之，「今雖七旬有餘，尚食肉十斤，臂開二石之弓，能乘千里之馬，未足為老。」逕來前綫報到，陣前見吳將潘璋，不顧一切「吾今為關公報仇」，一追三十餘里，被一箭射中肩窩，急救回營，畢竟年老血衰，難敵歲月，先主親自看視，撫背痛心「朕之過也」，忠曰：「臣乃一武夫，幸遇陛下，臣今七十有五，壽亦足矣！望陛下善保龍體，以圖中原。」一生老驥伏櫪，情願戰死沙場，得其所終，不服老，也不倚老，黃忠是得其所願了！

歷史扭曲的英雄——周瑜

「遙想公瑾當年，小喬初嫁了，雄姿英發。羽扇綸巾，談笑間，強虜灰飛煙滅。」

蘇軾

周瑜（西元一七五—二一〇）

如論三國人物中，最受歷史扭曲者，非周瑜莫屬，因此儘管在《三國志》裏，陳壽對周瑜評以「王佐之才，文武韜略，萬人之英，膽略兼人，性度恢廓。」但在民間形象，周瑜卻幾是全面被「氣度狹窄，勾心鬥角」的內外負面否定，這只能怪《三國演義》是以蜀為正統，「尊蜀抑吳魏」是羅貫中既定的寫作主軸，身在孫吳的周瑜，其形象自難逃打壓，弄得兩面評價在人間。

周瑜是孫策初掌事時投效，與孫策拜為兄弟，成為事業的夥伴，江東人分別親暱稱之「周郎」與「孫郎」，可見二人親和的人格魅力。孫策遇刺，臨終前，告誡孫權「外事不決，可問周瑜。」，與託孤無異，然而一旦躍居東吳最有權力的人物，周瑜既無司馬家於魏之跋扈，也不見「宮府一體」的諸葛亮，總攬一切蜀之人事、政策，對才踏入政治的菜鳥孫權，周瑜不託大，謹執君臣之禮，是對上有方。周瑜去世，孫權痛哭流涕，說「公瑾有王佐之才，今呼短命而死，孤何賴哉？」周瑜在東吳被倚重的程度，不下蜀之諸葛亮。

此外，周瑜御下也有度。周瑜年輕受重，孫堅時代的老將程普吃味，倚老賣老，不服命令，但周瑜折節下交，終令程普嘆服。「普頗以年長，數陵侮瑜。瑜折節容下，終不與較。普後自敬服而親重之，乃告人曰：『與周公瑾交，若飲醇醪，不覺自醉』。時人以其謙讓服人如此。」可見周瑜是一深具謙遜、令人陶醉之性情人物，與《演義》描寫成爭風吃味、不能容人的小氣形象，是完全相反的。

周瑜除軍事才華外，也是深通音律的浪漫人物。陳壽在《三國志．吳書．周瑜傳》中記載「瑜少精意於音樂。雖三爵之後，其有闕誤。瑜必知之，知之必顧，故時人謠曰：曲有誤，周郎顧。」然也有一說，這是因為演奏的女子深知周瑜有此一「職業的反應」，故意彈錯，以求儀表俊秀的周瑜回頭青睞。

如此一個，雄姿英發，風度翩翩，剛柔相濟的文武宏才，周瑜的形象最後在民間變得面目全非了。只能說正史的影響力是無法與擁有隨意寫作空間，能投讀者喜好塑人之《三國演義》較。自此，周瑜活在民間形象竟成了量小氣窄，好大喜功，只愛周旋在諸葛亮，擔憂「此人如此多謀，使我曉夜不安矣！」，睹氣妒賢的青年將帥，最後還被智高一籌的諸葛亮氣死，死前大嘆「既生瑜、何生亮」，為諸葛亮作嫁到底，讓真正那個雅量高致、出眾人之表的周公瑾蕩然無存。

周瑜出現在演義的篇幅，主要在赤壁大戰，以蜀為正室之作者羅貫中，很明顯的任諸葛亮反客為主，搶戲到底，讓周瑜成為他自己口中「吾等用計策，損兵馬，費錢糧，諸葛亮卻圖現成。」一切白忙的配角，更讓多謀善斷，胸襟廣闊的他，竟是受諸葛亮激以操欲染指妻子小喬，才情緒化作出石破天驚，赤壁一戰的決定：

> 孔明曰「操今引百萬之眾，虎視江南，其實為此二女也！將軍何不以千金買此二女，差人送與曹操，操得二女，稱心滿意，必班師矣」周瑜聽罷，大怒「老賊欺吾太甚！吾與老賊誓不兩立，雖刀斧加頭，不易其志也！」

羅貫中刻意掩蓋周瑜堅定主戰，所提曹軍「四大忌」的軍事卓見，老早算定曹軍劣勢：「北土未平，操久於南征，一忌也；不熟水戰，與東吳爭衡，二忌也；時值隆冬，馬無稾草，三忌也；驅中國士卒遠涉江湖，不服水土，四忌也。」諸葛亮激與不激，根本不礙周瑜決心一戰的意志。

至於周瑜與諸葛亮的情結，也成了羅貫中貶抑周瑜的最好下筆。諸葛亮一再看破周瑜心事技倆，如將計就計於蔣幹，反間曹誤殺蔡瑁、張允，到黃蓋之苦肉計，火燒連環計，讓周瑜下定「此人乃東吳禍根，決不可留！吾決意斬之！」由此梗出一連串尊諸葛貶周瑜的好戲。首先上場之草船借箭，描寫周瑜陷諸葛亮，立下軍令狀，三日內繳十萬箭，結果諸葛藉江上大霧曹兵不敢輕出下，二十草船吸納曹兵十萬飛箭，完成這「不可能的任務」，周瑜也嘆「孔明神機妙算，吾不如也！」還被諸葛亮間接酸了「為將不通天文，不識地利，不曉陰陽，不看陣圖，不明兵勢，是庸才也。」

曹操以「鐵索連舟，渡江如履平地」，全船綁在一塊，眼看上鉤，萬事俱備，只欠東風時，「然隆冬之時，怎得東南風」，周瑜心急如焚，吐血臥病；諸葛亮再度以「奪天地造化，鬼神不測之術」，借得東風，才點燃戰火，吹開天下三分，所謂「東風不予周郎便，銅雀春深鎖二喬。」杜牧詩中，將赤壁之功皆歸諸葛亮，是作了文學中，最偏差之歷史誤植。

赤壁後，吳蜀矛盾集中在荊州所有權爭奪，《演義》將周瑜的形象，繼續於諸葛亮三氣周瑜之醜化上。吳蜀荊州的歸屬約定上，劉備從「劉琦不在則還」；再到「弟（備）承兄（表）業」、「取西川則還」的拖延賴皮，周瑜獻計孫權嫁妹誘劫劉備，再換回荊州，吳國太痛斥是「顧小利，而不念骨肉。」的卑鄙技倆，結果又為諸葛亮識破，弄得「周郎妙計安天下，賠了夫人又折兵。」，然查正史上此一通婚和周瑜根本沒關係，卻從此成為形容一個人最失敗、倒楣的下場用語。

周瑜死於巴陵軍事，時年三十六歲，如此英年又非意外而逝，周瑜健康情況想必不佳，加上過於軍事操勞，羅貫中大概藉此附會周瑜經常吐血臥病的事實，轉換成箭傷加上與孔明鬥智過程中，受情緒易怒，惡化而死的虛設情節。

被野史意外玩弄，而被後世人永遠不忘，是周瑜最大的不幸，所幸仍有蘇軾，感於宋朝「王業不偏安」，在〈念奴嬌・赤壁懷古〉中，借古喻今中，期待是周瑜而非諸葛亮的英雄，不但還原了史實，也刻劃出周瑜臨戰，他早已成竹在胸，穩操勝券的瀟灑從容，這才是你所不知道的周公瑾。

「大江東去，浪淘盡，千古風流人物。
故壘西邊，人道是三國周郎赤壁，亂石崩雲，驚濤裂岸，捲起千堆雪。
江山如畫，一時多少豪傑。遙想公瑾當年，小喬初嫁了，雄姿英發。
羽扇綸巾，談笑間，強虜灰飛煙滅。
故國神遊，多情應笑我，早生華髮，人間如夢，一尊還酹江月。」

東吳的磐石——陸遜

「陸遜用兵，不亞孫吳——東南未可平也。」

曹叡

陸遜（一八三年—二四五年）

東吳每在關鍵時刻，就有人挺身而出，遇曹操有周瑜，逢關羽有呂蒙，劉備伐吳時則出陸遜，也無怪孫權曰「江東復有此異人，孤何憂哉！」相較周瑜、呂蒙的流星早逝，陸遜居位長久，機謀謹慎，城府甚深的用兵風格，是自周瑜、魯肅、呂蒙之後，最徹底執行與詮釋孫權「拒魏和蜀，劃江東自保」國家目標之人，甚至，思想風格更勝孫權之穩健、保守，地位可比蜀之諸葛亮及魏之司馬懿，成了穩定東吳的磐石。其子陸抗一脈相承，屏障東吳，一旦下野（父子二人都功高震主遭罷黜），孫吳也跟隨衰覆。

陸遜是繼周瑜之後，東吳盛出之另一青年才俊的書生將領，周瑜是生得「姿質風流，儀容秀麗」，陸遜也是「身長八尺，面如冠玉」，兩人都是善用東南風的火攻高手，接連擊敗魏、蜀，周瑜火燒赤壁，趕走曹操，使東吳鼎足而出；稍後，陸遜再火燒劉備之連營七百里，讓東吳站穩了三分天下的一席之位。

陸遜首出於《演義》第七十五回〈呂子明白衣渡江〉，關羽要北上攻打樊城，呂蒙見到大好機會奪回荊州，卻苦於關羽不但留重兵守備，更有沿江而設之烽火臺可預警，乃稱病不出，陸遜乃獻計呂蒙「託疾辭職」，再由被人輕以「孺子」（乳臭未乾之意）的自己代理，「以驕（關羽）其心」，陸遜故向關羽示弱，作書具禮，「書詞極其卑謹」，關羽果對吳失去戒心，安心調走荊州兵，呂蒙立以白衣渡江奇襲，「逕取烽火臺，無人知覺。」幾乎兵不血刃，荊州失守，關羽前後失據，軍事全面瓦解，展現陸遜雖年輕，卻心計深厚的用兵城府。

呂蒙破解關羽後，一如周瑜在赤壁後的短命，緊接，蜀興師問罪，孫權正窘於無「異人」之時，幸闞澤以全家性命作保，提醒孫權尚有「擎天之柱」的陸遜，「此人雖名儒生，實有雄才大略，前破關公其謀皆出於伯言！」孫權恍然大悟曰「非德潤之言，幾誤大事！」乃命陸遜為大都督督軍應戰。

陸遜雖擔當此大任，但看來前番擊敗關羽的功勞，沒有消除多少他「孺子」形象，自家文、武眼中，陸遜仍未擺脫「年幼望輕，不足託以大事」的觀感，將領倚老賣老下，「命此孺子為將，東吳休矣！」，在一片看衰，陸遜持續堅守不戰，蜀吳相持達半年之久，直至六月氣候正值酷暑，蜀軍暑熱，移入密林結營，「橫占七百里，下四十餘營，皆依溪傍澗，林木茂盛之處。」，陸遜才開始反擊，「來日午後東南風大作，順風舉火，蜀兵四十屯，只燒二十屯，每間一屯燒一屯。」，火攻大破蜀軍，使劉備不得不退回白帝城，不久更死在那裏，確保了吳國在荊州南部的統治，陸遜也徹底擺脫「稚嫩」印象，確立東吳主帥地位。

以陸遜之才，在守成的保衛江東戰略上，是牢不可破，如磐石堅硬，真有可議，就是進取心不足，對開拓東吳勢力及諸葛亮一再要求履行「同盟」，聯合攻魏的軍事合作上，陸遜比孫權更「保守、守成」，一味冷淡虛應，是可惜之處。

蜀漢丞相諸葛亮秉政，孫劉重新和好，回復同盟。魏曹不怒，遣大司馬曹休三路大軍攻吳，孫權再舉陸遜「此大任非陸伯言不敢當也」，陸遜乃「攝行王事，文武百官，皆聽約束，權親自與遜執鞭。」陸遜誘敵決戰於石亭，大敗曹休，一舉擊潰魏國十萬兵馬，孫權「領文武官僚出武昌城迎接，以御蓋覆遜而入。」陸遜接連敗蜀退魏二連勝，助東吳完成霸業，陸遜趁勢建議「今曹休大敗，可修國書，教諸葛亮進兵攻之。」孫權志得意滿，也有意伐魏，形勢一片大好時，張昭攪局，建議孫權先稱帝，再師出有名，使人入川，具細報告，「後主聞之，眾議孫權僭逆，宜絕其盟好。」眾人不決之下，諸葛亮決議「令人齎禮物入吳作賀，乞遣陸遜興師伐魏」，也就是以承認孫吳的皇帝，換取陸遜的出兵，看來也合了他「隆中對」之命一上將由荊州（不過換由吳之陸遜）北上，諸葛亮則出益州，這諸葛亮加陸遜兩大巨星的夢幻陣容，確讓人有極大的期待。但也許是先前荊州合作的經驗，諸葛亮老有「信用」問題，加上「復興漢室」的大旗下，怎樣都是「劉姓」的專利，陸遜還是壓下躍躍欲試的孫權，繼續迴避敷衍的態度，建議孫權「既與同盟，不得不從。今虛作起兵之勢，遙與西蜀相應。」結果孔明伐魏依然不利，吳也不了了之。

諸葛亮到第六次北伐，再派費禕持書，去見孫權，「伏望陛下念同盟之義，命將北征，共取中原同分天下。」孫權終於答應，由陸遜以三路出兵，結果為滿寵所阻，陸遜又以所劃計謀為魏兵截獲，陸遜決定「機謀既洩，彼必知備；與戰無益，不如且退。」不露聲色的退回三路大軍，讓魏主曹叡讚譽「陸遜用兵，不亞孫吳——東南未可平也。」卻也證明陸遜根本不想捲入吳蜀同盟的冷漠。

顧雍死後，陸遜被委任為丞相，但不久在太子孫和與魯王孫霸間的繼承爭奪中，表態支持孫和，遜上疏陳述「太子正統，宜有磐石之固，魯王藩臣，當使寵秩有差，彼此得所，上下獲安。」然陸遜屢求保太子、黜降魯王之諫，陸遜對最敏感的繼承問題表示立場，依然犯了「疏不間親」的大忌，《三國志》記載「（孫權）累遣中使責讓遜，遜憤恚致卒。」也就是孫權不但不聽從，反而多次派人譴責，逼死了陸遜。孫權老早就感到陸遜功高震主與家大業大的巨室壓力，自對其後世子孫構成威脅，就借立太子事，悄悄地逼死了他。也開啟了後孫權時代，孫吳王室骨肉與權臣大將軍不斷上演的謀殺戲碼，成了三國中最血腥的宮廷。

新時代的播種者——司馬懿

「吾事魏歷年，人臣之位極矣；人皆疑吾有異志，吾嘗懷恐懼，吾死後，汝二人善理國政，慎之！慎之！」

司馬懿

司馬懿（一七九年—二五一年）

《演義》裏，司馬懿流傳人間一般印象者，大抵是諸葛亮戰場的手下敗將，一再被「空城計」或「死諸葛嚇走活仲達」所設計、玩弄；自慚行穢的司馬懿，碰上諸葛亮時，老採不出、不行險的用兵哲學，給人也是一付膽小陰險、不具真才實學的形象。司馬懿看來是羅貫中在魏所扭曲塑造的另一個周瑜。

《演義》後半段，隨著曹、劉、孫等人物的凋零，魏、蜀、吳邁向歷史「分久必合」的潮流時，司馬懿實質已是一個新世代來臨之中心人物。作為一新朝代的開創者，司馬懿所展現成熟、冷靜及周密處事的人格，實在是三國人物之罕見。官場上，進退有方，處事圓融；政治上，判斷卓越，洞若觀火；遇事，當機立斷，節奏分明，戰則獅子博兔，守則不動如山，才華相當全面。如果司馬懿真是一軟弱、無學之輩，決不可能歷曹操、曹丕、曹叡及曹芳四主，不但身家不墜，反愈見重用，進而掌握朝政，最後由其孫司馬炎取魏稱帝，統一天下。

司馬懿初事曹操，操以「司馬懿鷹視狼顧，不可付以兵權；久必為國家大禍。」告誡，這「鷹視狼顧」之相，有如魏延的「反骨」，使司馬懿在曹操時代，出現場合雖不多，僅限於緊要關頭時，展現他不失方寸，精闢的利害分析與見解，穩定局面。關羽水淹七軍，于禁被俘，龐德被斬，曹操震撼到要遷許昌以避，時為主簿司馬懿勸阻「今孫、劉失好，雲長得志，孫權不喜。可聯合孫權牽制關羽，平分荊州。」曹乃與孫吳聯盟，許以平分荊州，果然，呂蒙襲擊關羽後方，瓦解關羽北伐軍事。東吳殺害關羽後，將其首級「星夜送予曹操」，曹操高興到「雲長已死，吾夜眠得貼席矣。」司馬懿卻不得意忘形，看穿「此乃東吳移禍之計也」，建議「大王可將首級刻一香木之軀以配之，葬以大臣之禮，劉備知之，必深恨孫權，盡力南征，魏再從中取利。」劉備果然歸咎孫權，傾國之兵伐吳，敗後，蜀大傷元氣。

司馬懿之宏觀遠慮，圓滿周到的心思，另可見於：操死，曹丕取代漢室之心愈熾，華歆、王朗甘為馳驅（有如民初楊度之「籌安會」），不斷鼓吹漢祚已終，偽造天命假象符說，見獻帝無動於衷，乾脆在朝廷上挑明、要脅獻帝讓位，獻帝稍以推拖，華歆竟「縱步向前，扯住龍袍，厲聲：許與不許，早發一言，免遭大禍。」可說「臣不臣」至極，獻帝只好下詔禪位曹丕，曹丕見大位總算到手，不顧吃相難看，欣喜欲納，卻是司馬懿建議曹丕「三讓受禪，免簒竊之名也。」可見司馬懿一貫細密、冷靜的周到處事性格，遠過華歆、王朗「不擇手段，不顧廉恥」者流。

司馬懿在三國前半段，雖不光芒耀眼，但已讓孔明預料是未來的最大對手，曹丕臨終時，令華歆、王朗、司馬懿與曹真為輔政大臣佐明帝曹叡，孔明聞之，大驚「餘皆不足慮，司馬懿深有謀略，必為蜀中大患」，乃以流言中傷「此人必反」，太尉華歆乘機藉此離間，奏曹叡曰「不可付之兵權，可即罷官歸里。」司馬懿低調削職還鄉，耐心等待再起。孔明知後，即上出師表，首出祈山，動兵北伐。

曹叡用才華平庸的曹真總督兵權，自非諸葛亮對手，司馬懿終於復出，甫出場，立刻展現他進退有節，當斷則斷的軍事才略。原投魏之蜀將孟達，打算叛魏歸漢，配合孔明，自出奇兵直取洛陽。孟達判斷等司馬懿知道，奏報許昌，公文來往，來兵也需要一個月時間，然司馬懿「逢寇即除，何待奏聞！即傳令，叫人馬起程，一日要行二日之路」，提前二十多天趕來時，擒斬孟達。接著再斷諸葛亮北伐「咽喉之路，取街亭」，使孔明第一次北伐徹底瓦解。曹叡稱讚「卿之學識，過於孫、吳。」，才華決不下於諸葛亮。

照理復出的司馬懿，對比曹真的無能與失敗，當欣喜自己展現的優越。但司馬懿難得有官場少見的溫暖對待及廣結善緣度量。第一次北伐失利後，孔明聯吳再舉北伐，曹真依舊戰事不利。看透諸葛亮「誘敵出城，圍點打援」技巧的司馬懿，卻毫不藏私，不抱看人笑話心理，要求曹叡「遣人告誡曹真，凡追趕蜀兵，必須觀其虛實，不可深入重地。」曹叡即時下詔遣韓暨，持節告誡曹真。司馬懿細心體貼之處即在「司馬懿送韓暨城外，囑之曰：『吾以功讓與子丹，公見子丹，休言是我所陳之意，只道天子降詔，教保守為上。勿遣性急氣噪者追之。』」其真心、與人為善的心胸氣度，在滿朝文武如華歆雞腸鳥肚輩，可說至為難得。

《演義》第九十八回〈襲陳倉武侯取勝〉，更能表達司馬懿設身處地，替人著想，表現他圓融、體貼的處世性格。孫權稱帝，打算與蜀聯合北伐，曹丕問策司馬懿，司馬懿卻看出老謀深算孫權乃是「虛作起兵，實是坐觀成敗，不必防吳，只需防蜀」，為專一對蜀，徹底擊敗諸葛亮，曹叡終於決心換掉自家人曹真，立封司馬懿為大都督，然將印在臥病的曹真處，即「令近臣取曹真總兵將印來。」。司馬懿雖終一償宿願，卻沒被得意衝昏頭，所顧慮是如此取印，則曹真是情何以堪！司馬懿乃請命：親自去取。司馬懿逕到曹真府下，不言取印之事，先將吳、蜀會合，孔明再出祈山事，向曹真敘之，曹憂而急曰：

> 「似此國家危急，何不拜仲達都督，以退蜀兵耶？」懿「吾才薄智淺，不稱其職。」，真曰「取印與仲達」，懿曰「都督少慮，某願助一臂之力也，只不敢受此印也！」，真曰「如仲達不領此任，中國必危矣！懿當抱病見帝以保之！」

到此，取得曹真之心甘情願的諒解又保全其尊嚴，懿才亮出底牌，曰「天子已有恩命，但懿不敢受耳。」，真大喜曰「仲達今領此任，可退蜀兵。」懿見真再三讓印，遂受之，辭了魏王領兵往長安來與孔明決戰。司馬懿的成熟處理，不但將相俱合，免猜測惡鬥，實在是三國人物中，少有顧人情面，周到若此者。

明帝崩，託孤幼帝曹芳予司馬懿和曹爽。曹芳繼位後，司馬懿又遭到曹爽排擠，雖明升為太傅，實奪其兵權。司馬懿稱病以避，曹爽為防司馬懿勢力復燃，派人一探虛實，司馬懿乃：

「去冠散髮，湯流滿襟，乃作哽噎之聲曰『吾今衰老病篤，死在旦夕，二子不肖，望君教之。』言訖，倒在床上，聲嘶氣喘。」

待曹爽放下防備之心，司馬懿乃趁曹爽陪曹芳離洛陽至高平陵掃墳，起兵政變並控制京都，誅殺曹爽。自此曹魏軍權政權落入司馬氏手中。

當然司馬懿最主要之描寫仍在與諸葛亮的交手之上，司馬懿看破蜀之糧草補給不易，利在急戰；司馬懿乃選擇了成本最少與效率最好、不中看卻中用的戰略，就是用兵保守，據險堅守，對諸葛亮的誘敵，不加追趕，不輕入重地，諸葛亮有小勝，但司馬懿卻是「積小敗為大勝」。

最後一次的「五丈原」北伐，羅貫中把諸葛亮的無奈與天命所歸，暗示在上方谷一戰。諸葛亮千方百計總算誘出司馬懿，困在上方谷中，眼看大火侍候，「司馬懿驚得手足無措，乃下馬抱二子大哭：『我父子三人皆死於此處矣！』不期天降大雨，火不能著」，司馬懿死裏逃生。孔明嘆曰「謀事在人成事在天。不可強也。」司馬懿自此更加貫徹「堅守不出」，孔明挑以婦人釁，取「巾幗婦人縞素之服，如不出戰，可拜而受之。」司馬懿笑而受之，孔明嘆曰

「彼深知我也！」，與瑜、亮情節較，「諸葛、司馬」卻有一份相知之情，如不互為對手，當可成知己，雙方性格近似，對彼此的想法都太清楚了。

最後，仍需澄清是，司馬懿用兵是相當靈活快速，不是只會堅守不出，這在他遠征遼東公孫淵，公孫淵竟以「彼千里而來，糧草不繼，難以持久，昔司馬懿與蜀兵相拒，孔明竟卒於軍中，今日正與此理同。」真是關公面前耍大刀。公孫淵乃堅守不出，司馬懿以逕取襄平，隔島躍進，誘出公孫淵出兵相救，中途擊之，可見司馬懿的軍事才華不下他處事之細膩作風。

中國的漢尼拔——鄧艾

「《春秋》之義，『大夫出疆，有可以安社稷，利國家，專之可也。』，不可拘常以失事機，兵法，進不求名，退不避罪，艾雖無古人之節，終不自嫌以損於國也。」

鄧艾

由兩川（東川指漢中，西川指巴蜀）在地理上的艱巨標準，鄧艾以強韌的意志及體能，克服陰平險道，上下爬行全是顛崖峭壁的險地七百餘里，征服有「難上青天」之喻的巴蜀，鄧艾締造之軍事奇蹟，直可齊名翻越阿爾卑斯山，奇襲古羅馬之迦太基名將漢尼拔，並駕東西史的兩大軍事冒險奇才。

鄧艾打破兩川無人能破的障礙，即曹操（雖征服漢中，但見蜀則打道回府）不及，但也因為蜀地天險可依，易守難攻（張魯之流藉此優勢，輕鬆當了三十年的漢中土皇帝），常人一旦據有兩川，難拒稱王稱帝、自立門戶的致命吸引。這也是司馬昭雖知破蜀，非得派用他最得力的鄧艾與鍾會，但尚未出兵，就疑鍾會將有「異志」，連一般大臣如邵悌都警告司馬昭「愚料會志大心高，不可使獨掌大權。」鍾會先下漢中後，果生異心；然心思忠誠的鄧艾，滅蜀後，疏於政治應對，功高震主，也難逃司馬昭猜疑，連帶一起賠了性命，則屬冤枉。可見兩川除地理天險步道，更可怕的還是政治的無間道，果應劉寔出征前預測「鍾、鄧二人，破蜀必矣，但恐皆不得還都耳。」

鄧艾出身貧微，卻素有大志，有口吃，幼年失父，為農家養牛，每見高山大澤，就喜歡好好研究勘察一番，指劃何處可積糧、屯兵、埋伏，別人譏笑也不介意，獨司馬懿賞識，引為軍機之用，一如姜維之師承諸葛亮，鄧艾成了司馬懿的傳人，兩組的師徒對戰，在日後魏、蜀之戰中上演，但坦白言，司馬懿與諸葛亮，實力尚在伯仲之間；鄧艾與姜維的對戰組合，卻是兩個不同的才華層次。

鄧艾是自姜維洮水大勝，攻打狄道城時，奉令接管西北戰事，開始與姜維交手，姜維未見識鄧艾前，對夏侯霸一再所言鄧艾「機謀深遠，深明兵法，善曉地理」，疑有溢美之嫌，但一見鄧艾在祈山連下九寨「勢長如蛇，首尾相顧」姜維也自嘆「形勢絕妙，止吾師諸葛丞相能之；今觀鄧艾所為，不在吾師之下。」反觀，鄧艾卻是地理功課作足，立刻就指出姜維戰略上不知得勝後，「招羌人之眾，此吾兵之大患也」。鄧艾攻守有序，始終掌握著戰役主動權，戰則料敵機先，搶佔有利地勢，姜維偷襲南安，鄧艾算準在段谷伏擊，殺張嶷；姜維再襲洮陽，又中鄧艾埋伏，亂箭射殺夏侯霸；守則欺姜維懸師遠征，戰線長，給養困難，不出則勝，終使蜀國上下對姜維北伐失去信心，姜維只得隱退沓中種麥養兵。

蜀軍放棄北伐，由進攻轉為被動防禦態勢，魏則轉守為攻，司馬昭決定先滅蜀，再滅吳的戰略，先由鄧艾牽制姜維駐守沓中的主力，鍾會率兵，乘虛取下漢中。司馬昭一山放了二虎，刺激兩虎馳驅獵物的鬥志，鍾會先取漢中，鄧艾自不落人後，開始在入蜀的戰事上較量，鄧艾「引一軍出陰平小路，奇襲成都」，鍾會佯裝讚許，卻笑艾不智，認為「陰平小路，皆高山峻嶺，若斷其歸路，則鄧艾之兵皆餓死矣。」鍾會則取大道，於劍閣與姜維僵持。

滅蜀關鍵在穿越陰平的天險，鄧艾同甘共苦，可說把軍人的精神戰力發揮到了極限，其子鄧忠率五千軍，不穿衣甲，各執斧鑿器具，鑿山開路，搭造橋閣，凡二十餘日，穿行七百餘里，都是無人煙之地，至摩天嶺，只剩二千軍，由於盡是九十度的顛崖峻壁，無法開鑿，鄧忠與開路軍士盡皆哭泣，鄧艾激勵諸軍士「『不入虎穴，焉得虎子』，吾與汝等來到此地，若得成功，富貴共之。」鄧艾身先士卒，用毛氈裹身，滾下山坡，部隊上下相感，莫不賣命，有氈者裹身滾下，無者則用繩索綁身，攀掛樹枝，魚貫而下，這群天降神兵，出其不意地先下江油，鄧艾兵貴神速，直取綿竹，蜀軍全線崩潰，兵臨成都，劉禪感大勢已去，在譙周勸導下投降，鄧艾率軍入成都，蜀漢滅亡。

鄧艾後來居上，不只加深了鍾會的妒意，但鄧艾不諳政治之奸險，滅蜀之後，天真無邪的向司馬昭提出了他治蜀滅吳之策，引上位者見疑，惹殺身之禍：

「今因平蜀之勢以乘吳，吳人震恐，席捲之時也。然大舉之後，將士疲勞，不可便用，且徐緩之；留隴右兵二萬人，蜀兵二萬人，煮鹽興冶，為軍農要用，並作舟船……今宜厚劉禪以致孫休，宜權停留。以為可封禪為扶風王，錫其資財，供其左右。」

鄧艾建言之留兵兩川與厚待劉禪於成都，雖是準備伐吳，安定蜀地人心的合理舉措，但在司馬昭心裏卻是政治解讀「深疑鄧艾有自專之心。」，也成了鐘會置他於死地的口實，進書洛陽「言鄧艾專權恣肆，結好蜀人，早晚必反。」司馬昭不動聲色，先加封鄧艾太尉，增邑二萬戶後，再婉轉由監軍衛罐以手書告誡鄧艾「所言之事，須候奏報，不宜輒行。」鄧艾的軍人個性，不懂這等於是政治的試探，竟不以為然，舉「將在外，君命有所不受」，回書：

「《春秋》之義，『大夫出疆，有可以安社稷，利國家，專之可也。』今吳未賓，勢與蜀連，不可拘常以失事機，兵法，進不求名，退不避罪，艾雖無古人之節，終不自嫌以損於國也。」

鄧艾雖話說得情真意切，光明正大，所謂「進不求名，退不避罪」，但司馬昭看畢大驚，「鄧艾恃功而驕，任意行事，反形露矣！」司馬昭乃令鍾會逮補鄧艾，鍾會依姜維之議，派監軍衛瓘逮捕鄧艾父子，用檻車將其送京。

鐘會排除了鄧艾，却不敵蜀地理可保稱王的誘惑，決與姜維舉兵自立，「事成則得天下，不成則退西蜀，亦不失作劉備也。」，司馬昭則有失兩大將換取蜀的準備，棋高一著，早已親率大軍進駐長安，怎會讓鐘會獨大於蜀。由於鐘會所率將領不願共反，姜維慫恿鐘會誅殺將領，兩方爆發軍事激戰，姜維、鐘會俱以身殉。在兵荒馬亂中，鄧艾的舊屬軍士趁此營救鄧艾，衛瓘因參與誣諂鄧艾，害怕鄧艾事後報復，遂派田續先殺了鄧艾父子以自保。

鄧艾不知政治上「功高則震主」的敏感與鍾會、衛瓘的人性私慾，以致枉死他鄉，是故鄧艾雖入兩川滅蜀，立不朽軍事功業，卻不懂政治的謹言慎行，平安脫離兩川，徒增一筆英雄遺恨的歷史悲劇。看來蜀道難，蜀之政治路更難行也。

【第三篇】

古人今釋

沉默的王牌——馬超

「馬兒不死，吾無葬地矣！」

曹操

馬超（一七六年—二二二年）

三國之中，蜀之「五虎將」是最富戲劇與吸睛的人物角色，每人塑造得各具獨立鮮明的性格本事：關、張有萬人敵之猛，百萬軍中取上將之首如探囊取物；趙雲智、勇兼具，效率卓越，是常勝將軍；黃忠則是老當益壯，是永不落人後的拼命三郎；惟一意外是排名第四的馬超，雷大雨小，迅速退場的安排，讓人有摸不著頭緒，是三國讀者最大疑惑與不解的迷團。

馬超在《演義》裏，外型、武功、謀略俱為上品，並非是有勇無謀之人，馬超之勇猛、武藝過人，殺得曹操棄袍割鬚，嘆馬超「不減呂布之勇」，關公更著迷到打算放下荊州重任不管，跑來西川與「馬超一較高下」，這種A咖角色卻自漢中、西川戰事後，有如人間蒸發以無疾而終，《演義》也失於交待清楚，讓不凡生動的馬超竟成了五虎之中的「沉默王牌」，的確讓期盼馬超本事的粉絲讀者大失所望。

生於今之甘肅隴西，漢、羌混血的馬超，早早於《演義》第十回登場，跟隨父親西涼太守馬騰起兵，攻打長安，討李傕、郭汜以勤王，馬超其時十七歲，勇猛莫當，連斬李蒙、王方二將，外貌生得：

「面如冠玉，唇若塗砂，眼若流星；虎體猿臂，彪腹狼腰，稱『錦馬超』。」

馬超雖長得是儀表俊秀，體型健美，然而馬超一生命運卻不似外表、家世之華麗，不斷坎坷循環於「忠誠及背叛」的錯亂與家庭至親的死於非命之間。馬超常對家族至親的一再遭逢夷誅，僅存從弟馬岱，痛心懊悔，臨死前，還向劉備上書，託付好好照顧馬岱：「臣門宗二百餘口，為孟德所誅略盡，惟有從弟岱，當為微宗血食之繼，深托陛下，余無復言。」可見至親被曹操的謀害，與馬超每一次接踵的軍事失敗，都不脫盟友的「猜忌、背叛」所害，連帶使妻子、兒女遇害，對馬超的生、心理傷害，影響至大，這讓他相當珍惜投效劉備後，回到故鄉西涼任所，所得生活之安定，但馬超的豪情也因此消磨殆盡。與趙雲、黃忠之七十還不服老，爭先兩陣間的鬥志，馬超卻是歷盡滄桑，看破沙場，因是讓他沉默淡出之最大原因。

馬超之當家作主是曹操假天子詔，將其父馬騰與馬休、馬鐵二弟，誘入京師加以殺害，僅從弟馬岱逃出，從此開使他興兵雪恨的復仇戰爭。馬超初登場，所率西涼騎兵快狠準的閃電戰，就在潼關，殺得曹操割鬚棄袍，一炮而紅。曹操脫困後，還瀟灑言以「今日幾為小賊所困！」仍不把西涼馬兵放在心上，當船抵渭水渡口，準備接曹，曹操與馬超僅百步距離，眾急喊上船，曹還不以為意說「賊至何妨？」話甫說完，差點淪為馬超迅雷風烈的馬刀亡魂，幸賴許褚死戰得脫，曹操至此方知馬超厲害，擲盔於地曰「馬兒不死，吾無葬地矣！」曹乃行反間計，分化馬超的盟友韓遂，致遂信函，「中間矇矓字樣，於要害處，自行塗抹改易」，一付欲蓋彌彰下，果引馬超生疑，馬、韓內訌，韓轉與操共謀馬超，馬超大敗。

馬超兵敗入羌，兩年後，勢大復出於隴西，各郡望風歸降，馬超兵臨冀城，涼州刺史韋康投降，參軍楊阜苦諫不從。馬超入城後，作了一個也許是痛恨韓遂的心理反射，馬決定對投降的韋康以「汝事急請降，非真心也！而殺之。」卻以楊阜乃「守義之人，不可斬也」，留己重用。但馬超的真心卻沒有換到楊阜的忠誠，竟被「欲雪君父之大恥」楊阜設計，趁馬超出城後，反叛據城，並在馬超面前「將馬超妻子楊氏從城上一刀砍了，撇下屍首來，又將馬超幼子三人，至親十餘口，都從城上一刀一個，剁將下來。」叫城下的馬超看得「氣噎塞胸，幾乎墮下馬來。」

馬超惟有帶著從弟馬岱、部將龐德，再投漢中的張魯。張魯想以女兒下嫁招其為婿，被楊柏讒言「馬超妻子慘禍，皆超之貽害也！」這大概是最傷馬超的話，張魯便打消了嫁女念頭。馬超為取信張魯，主動請兵攻打西川的劉備表功，劉備初見馬超「獅盔獸帶，銀甲白袍。一來結束非凡，二來儀表出眾，玄德曰『人言錦馬超名不虛傳。』甚欲收攬馬超」，於是在諸葛亮的設計下，賄賂張魯部下楊松在張魯面前離間造謠，迫得馬超進兵是「意奪西川，自為蜀主」，退兵則散佈「馬超回兵，必有異心」，無有餘地。諸葛亮見水煮青蛙，時機成熟，派遣說客李恢，不費力就說動「目下四海難容，一身無主」的馬超，馬超當下砍了派來監軍的楊柏，來見玄德，馬超投降劉備，讓期待救兵的劉璋「驚得面如土色，氣倒於城上」，只得開城投降。

馬超投奔劉備，有如「今遇明主，如撥雲霧見青天。」經歷韓遂、楊阜、張魯的背叛猜忌與父、弟、妻、子的至親被害，馬超非常珍惜這得來不易的安定，卻也消磨了一強將的霸氣，連帶讓馬超心理上養成憂讒畏譏，自懷危懼之心。馬超深怕有人疑其心懷異志心理，暗示於

《演義》第七十九回〈姪陷叔劉封伏法〉，使馬超敏感至效尤了照理他最當痛恨的背叛舉動：彭羕對劉備封賜不滿又與投魏之孟達甚厚，劉備設好擒拿孟達計畫，彭羕乃作書孟達告之，信使為馬超所獲，馬超乃佯約彭羕飲宴，乘彭羕酒罪，以言挑撥，又試探曰「某亦懷怨久矣！」彭羕以為得到馬超同情，竟邀馬超「公引本部軍馬，某領川兵內應，大事可圖也！」馬超佯許之。彭羕走後，馬超便將彭羕的言辭上呈劉備，不久彭羕下獄，遭到誅殺。彭羕出於救友，馬超趁以酒醉，主動言反，誘人於罪，這自不是一光明磊落武將之所為。

劉備稱帝，馬超遷任驃騎將軍，領涼州牧，這安排也恰配合諸葛亮整個外交戰略思想的四境規劃，諸葛亮所專心是北乇曹魏，對東吳是和好與互不侵犯；至於西、南邊境的西羌與南蠻的策略是攻心為上，使心悅臣服，而馬超的血統、文化與威信正符合鎮住「西羌」一角，對馬超言，也是回歸黃昏故鄉，終老安定之故土。馬超最後可見的貢獻就在劉備新喪，魏國司馬懿調度五路大軍伐蜀，其中嚇阻羌兵一路，孔明算定羌人心理仍不忘馬超「神威天將軍」之威儀，果然，羌人見之，不戰而退。

馬超人生「背叛與失去至親」的最痛遭遇，是其英雄氣短，無欲再起，只想回歸平靜的最大原因。三國志評曰：「超阻戎負勇，以覆其族，惜哉！能因窮致泰，不猶愈乎！」也難怪馬超雖在五虎之列，卻只能聊備一格了。

悲情的女人——孫尚香

「極其剛勇，侍俾數百，居常帶刀，房中軍器擺列遍滿，雖男子不及。」

周瑜

孫夫人

演義中，百分之九十的人讀到「周郎妙計安天下，賠了夫人又折兵」時，當只顧沉浸於「諸葛亮三氣周瑜」的快感，大概少有人會關心同情那仍在懷春少女總是夢，一心以為找到如意郎君的孫夫人，不斷深陷男人權力遊戲中，一再遭玩弄驅使如棋子般的境遇。

三國基本是以男人為主的世界，女性幾乎不佔篇章，孫夫人在《三國演義》裏名孫仁，戲曲稱孫尚香。三國女人中，除孫夫人，較具耳熟與故事性者，不外貂蟬、大、小喬。貂蟬堪稱是三國沙豬思想下，惟一女性「撐起半邊天」之例外，與由十七路英雄男子所組成的反董同盟比，貂蟬一人就搞定了董卓。至於，大、小喬與孫夫人的故事，整體看，皆是荊州爭奪主戲之配合角色。如果赤壁之戰是東方「特洛伊」翻版，那導致一切不和源頭的那顆「金蘋果」就是荊州。大、小喬美女則成了中國「特洛伊」中的海倫，讓曹操為此揮兵南下，頗復戲劇浪漫。赤壁之後，曹操退場，蜀、吳繼起爭戰荊州，東吳勢在必得，孫夫人不是海倫，卻無法身免於這東方「伊里雅德」史詩當中，也沒人為她而戰，只不斷被自己最親近的兩個男人——哥哥與丈夫欺騙、利用，活在一個大概只有她一人認真的婚姻中。

赤壁戰後，孫權為索還荊州，但一再被有如「詐騙集團」的劉備、諸葛亮所「混賴」，一籌莫展下，先有張昭之議：以諸葛謹一家老小，要脅其弟諸葛亮還荊州不成後，周瑜發揚光大，跟進加碼，卻想出以老闆的妹妹為餌，假意嫁於劉備，「待賺到南徐，幽囚獄中，（再）使人討荊州以換劉備」，而身為親兄長的孫權聽畢，竟「點頭暗喜」，全不顧手足。至於劉備也一清二楚，這一婚事是「周瑜定計欲害劉備，豈可以身輕入危險之地」，藉口「吾年已半百，鬢髮斑白，吳侯之妹正當妙齡，恐非配偶」推辭這場媒妁，但吳霸王硬上，以年齡不是問題，且孫夫人「身雖女子，志勝男兒，若非天下英雄，不事之」，劉備雖百般不願，但拒此秦晉之好，恐撕破臉，只得硬著頭皮上架。

撇開政治婚姻的因素，孫夫人有沒有讓劉備或正常男人傾心的條件呢？照周瑜對孫夫人生活習性觀察是「極其剛勇，侍俾數百，居常帶刀，房中軍器擺列遍滿，雖男子不及。」也就是孫夫人雖貴為公主，但個性是極男性化，非溫柔婉約，傳統相夫教子女人，不單性情潑辣，還是個「軍火之王」，平常嗜好收集、研究十八般各式武器，也難怪，周瑜雖以權妹為餌，卻會說出劉備也休想佔到便宜之「妻子不能勾得」言語，孫權此所以「點頭暗喜」。

劉備首見孫夫人，也是直到洞房花燭夜祖承相見時候，孫夫人將洞房排場，卻佈置成除兩大紅燭高燒下，盡是刀、槍在側，劉備嚇得是退避三舍，幾乎要奪門而出：

「卻說玄德見孫夫人房中兩邊鎗刀森列、侍婢皆佩劍、不覺失色。管家婆進曰、『貴人休得驚懼。夫人自幼好觀武事，居常令侍婢擊劍為樂，故爾如此。』玄德曰『非夫人所觀之事，吾甚心寒，可命暫去。』管家婆稟覆孫夫人曰、『房中擺列兵器，嬌客不安，今且去之。』孫夫人笑曰『廝殺半生，尚懼兵器乎？』命盡撤去，令侍婢解劍伏侍。當夜玄德與孫夫人成親、兩情歡洽。」

劉備勉為其難，孫權不想弄假成眞，只好以聲色相迷，弄得劉備樂不思歸。孔明乃騙說曹操起精兵五十萬，殺奔荊州，催劉備速回。劉備愛江山自勝孫夫人，打算在孫夫人掩護下，來個江邊祭祖不告而去。孫權知之，氣得不顧兄妹之情，將所佩之劍，喚蔣欽、周泰聽令，曰「汝二人將這口劍去取吾妹幷劉備頭來！」，眼見追上，性如烈火的孫夫人在劉備眼淚攻勢，以「政治婚姻」的實情相告下，「吾兄既不以我爲親骨肉，我有何面目重相見乎！今日之危，我當自解！」，孫夫人選擇了夫家，與兄長決裂，從此離鄉背景，在蜀過著既像夫人又似人質的生活，處境尷尬。

孫權計誘不成劉備，依不死心，趁劉備取西川不在家，卻想再利用孫夫人，誘拐阿斗換回荊州，差心腹周善潛入荊州，騙取孫夫人「國太好生病重，旦夕只是思念夫人。倘去得遲，恐不能相見。就教夫人帶阿斗去見一面。」孫夫人聽知母病危，如何不慌；便將七歲孩兒阿斗，載在車中，便來江邊上船。但蜀的出入境作業管制，要比吳警覺、專業的多，馬上就被趙雲沿江攔截，趙雲還算客氣「若不留下小主人，縱然萬死，亦不敢放夫人去。」待張飛上船，這位曾被劉備曉以大義「兄弟如手足，妻子如衣服」，一上船：

「一劍砍倒周善，提頭擲於孫夫人前。」

夫人大驚曰：「叔叔何故無禮？」

張飛曰：「嫂嫂不以俺哥哥為重，私自歸家，這便無禮！」夫人曰：「吾母病重，甚是危急。若等你哥哥回來，須誤了我事。若你不放我回去，我情願投江而死！」

張飛與趙雲商議：「若逼死夫人，非為臣下之道。只護著阿斗過船去罷。」乃謂夫人曰：「俺哥哥大漢皇叔，也不辱沒嫂嫂。今日相別，若思哥哥恩義，早早回來。」說罷，抱了阿斗，自與趙雲回船，放孫夫人五隻船去了。二人歡喜回船。行不數裏，孔明引大隊船隻接來。見阿斗已奪回，大喜。三人並馬而歸。孔明自申文書往葭萌關，報知玄德。

由張、趙自行處理「國母」之去留，不連孫夫人與阿斗帶回，實有違常情，若不是明瞭劉備對孫夫人感情有同「雞肋」，當不致此；劉備對孔明來報孫夫人「翹家」的文書，也是無所表示，心情或許一如孫權之「點頭暗喜」。而孫權的態度則是「今吾妹已歸，與彼不親，殺周善之讎，如何不報！」。

孫權與劉備都抓準了孫夫人的善良與孝心，加以欺用，孫夫人終回到自己的故鄉，孫權也沒了負擔，下定決心用武討回荊州。之後關羽北伐，呂蒙渡江襲取荊州，關羽遇害，荊州易主，劉備傾全國之師來伐東吳，孫權懼其勢，又以孫夫人為籌碼，提「孫夫人一向思歸，願送歸夫人」等條件和好，卻被劉備拒絕，最後，《演義》第八十四回〈陸遜營燒七百里‧孔明巧布八陣圖〉，劉備大敗，「夫人在吳聞猇亭兵敗，訛傳先主死於軍中，遂驅兵至江邊，望西遙哭，投江而死」，結局以孫夫人為劉備死而自殺，作烈女形象收場。但另一說法是孫權在孫夫人返吳後，改嫁之，如此，則更幸！更善！

獨木難支——姜維

「吾計不成，乃天命也！」

姜維（二〇二年—二六四年）

姜維

在劉備及孫權死後，蜀、吳與魏的國力較勁上，更被迅速的拉開，最大的因素還是蜀、吳人才的新陳代替，出現斷層。畢竟，魏是中原人文薈萃之地，司馬懿之後，仍有鄧艾、鍾會、羊怙、滿寵、杜預等優秀將領接棒，維持用武不墜，相對，吳、蜀則地處文化邊陲，限於人口質量，吳只出了個陸抗，國安仍倚孫權時代老將丁奉、徐盛；蜀則自諸葛亮後，落至姜維與廖化的陣容擔綱。

張松與楊修鬥嘴時，誇口「蜀中三尺小童，讀書過目不忘，文有相如之賦，武有伏波之才，出乎其類，拔乎其萃者，不可勝計」，但蜀其實在諸葛亮時，人才就現捉襟見肘，帳下可用之將只剩「因惜其勇，欲留而後用」，才不殺的魏延，諸葛亮直到北伐時，在境外天水一地，收降姜維，執維手曰「吾自出茅廬以來，遍求賢者，欲傳授平生之學，恨不得其人，今遇伯約，吾願足矣！」才得人接班培養，這與孫權早早獨排眾議，培植力挺陸遜，早晚養成之間，所生國力影響，當以等比計。到了姜維，蜀人才更是伊於胡底，已經到了連個B咖的將領，都像是鳳毛麟角，所謂「蜀中無大將，廖化作先鋒」正是形容姜維領軍的窘態。北伐對諸葛亮尚是「知其不可而為之」，於姜維，已是「盡人事，聽天命」了。

姜維出身乃魏天水郡的一中級軍官，僅因識破諸葛亮誘敵出城的小計，而讓諸葛亮「驚豔」至「姜維忠勤時事，思慮精密，我觀察他的才能，李邵、馬良都比不上他，為涼州的上選人才。」然以馬良類比，姜維資質最多也只能算是中上之材，只能說蜀人才庫若非貧乏，需楚材晉用，不然就是諸葛亮認定時不我予了！諸葛亮的垂青，讓姜維一下就從魏的地方小將，快速成為蜀漢中樞，但養望的不足，致使姜維的威信及領導能力，伊始就受到自己人的挑戰與質疑，尚書費禕在姜維第一次北伐前，就老實不客氣澆姜維冷水「只宜待時，不宜輕動，我等皆不如丞相遠甚，丞相尚不能恢復中原，何況我等？」

姜維領導威信的脆弱，其實是和他的戰略平庸互為因果的，而他的戰略又因他的能力平凡而致，姜維自始即「依丞相舊制，次第進兵」，「祈山乃用武之地，可以進兵，故承相昔日六出祈山，因他處不可出也」，不改老路。但不論祈山、斜谷路綫，在諸葛亮時代，都已經證明是失敗的經驗，這也是「姜廖配」與魏之郭淮、鄧艾交手，鄧艾抓住姜維懸師遠征，戰線長，給養困難，難以持久的弱點，不是斷其糧道（這似乎是蜀北伐永遠的痛腳），就是料敵機先，搶佔有利地勢，以逸待勞。

姜維繼承諸葛亮同樣的策略，等於是複製失敗，無怪姜維趁司馬師新亡再舉北伐，連自家武將張翼都唱起反調「蜀地淺狹錢糧鮮薄，不宜遠征，不如據險守分，恤愛軍民，此乃保國之計也！」結果雖有小勝，還是退兵屯於鍾堤，待集合諸將，又議伐魏，令史樊建諫曰「將軍屢出，未獲全功，何故又欲出也？萬一不利，前功盡棄。」畢竟，蜀國力有限，不可能容忍一再徒勞無功，浩大軍事行動的空轉。這種質疑力量，終於在姜維見東吳要舉事攻魏，喜曰「吾大事濟矣！」欲再舉北伐，達於頂點，譙周作【讎國論】，苦勸姜維不可「極武黷征」，當效「周文養民，句踐恤眾，時可而後動，故湯、武之師，不再戰而克，誠重民勞而度時審也。」姜維雖動怒「此腐儒之論也！擲之於地。」但反北伐的力量，已勢大成蜀內部主流民意。

姜維久而無功，人心思變，鄧艾見時機成熟，也效司馬懿同般手法，在成都布散流言，姜維不滿將投魏，姜維一如諸葛亮收兵回成都自清，對諸葛亮，後主是悔過道歉，然就姜維，後主卻是冷淡「卿且回漢中，俟魏國有變，再伐之可也！」。

姜維再舉第九次的北伐出兵，以往一再支持的後主終於信心動搖「後主覽表，猷豫未決」，即使連姜維最死忠的搭檔——廖化都投了反對票「連年征伐，軍民不寧，兼魏有鄧艾，足智多謀，非等閒之輩，將軍強欲行為難之事，此化所以未敢專也。」，但眼看姜維「修了棧道，軍糧、兵器，船隻俱已完備」以「臣如不勝，當受死罪」保證，後主勉強「且看此行若何，果然有失，卻當阻之！」雖然同意出兵，心理已經看衰姜維，果然戰事行動中，後主「一日三道詔，宣維班師」，且聽信宦官黃皓以無尺寸之功的親信閻宇代替，姜維以攤牌的方式，勸後主殺宦官黃皓，後主支持黃皓，姜維自知禍不遠矣，乃從郤正之言，避居沓中屯田種麥去了。

姜維下野，司馬昭立刻轉守為攻，派鍾會、鄧艾伐蜀，姜維與鍾會在劍閣僵持，但是鄧艾卻走險道陰平，破了綿竹，兵臨成都，劉禪決定投降。姜維仍保有蜀兵大部，決定假降於鍾會，然後挑撥他和鄧艾之間的關係，慫恿其叛變，但正當性不足，不得鍾會將領支持，姜維又企圖盡殺魏將，若魏將皆死，復國之計仍有可能成功，正當舉事之時「忽然一陣心痛，昏倒在地」，魏兵砍開殿門殺入，維仰天大叫「吾計不成，乃天命也！」便自刎而死。

以蜀之國力，與吳為倚角，僅能自保，欲吞魏，並不具勝算。蜀以北伐作其最高國家目標，只能說最好的防守就是攻擊，諸葛亮與姜維不斷北伐，至少讓蜀爭取主動，維持復興漢室的正統意識，用以凝聚民心，這「只能作，不能說」的秘密，或許是諸葛亮挑姜維，所看重者，實是他堅持到底，不輕易放棄的性格，且以一魏人任之，殆無後路也！？

反戰的和平主義者——張昭

「孤與張公言，不敢妄也。」

孫權

張昭（一五六年—二三六年）

軍事頻繁的三國時代，敵我對立，生死之間的氛圍下，很容易會用簡單的兩分法，將反戰者，貼上消極、怯戰的投降派標籤，甚至歸類是失敗主義下的自私政客；而主戰者，佔了尚勇與悲壯英雄主義的便宜，即使不夠理智，反而討好。三國，吳有張昭，蜀是譙周，兩人一貫反對國家積極用兵的態度，都被一竿子以「投降派」而相提並論，卻不知其中有不可道里計的差異。

如果仔細分析反戰與投降定義，兩者是完全不能畫上等號的，所代表意義及人格差距之大，更不可粗糙一視同仁。首先，一國之內「反戰者」是據實力、重民命與「主戰者」重民氣、拓疆土，同樣皆是以國家最大利益為思考，兩者意見競爭，相互平衡，可達決策者兼聽之效，作出最正確的決定。至於「投降派」混珠於「反戰者」中，假託體恤民命，外似和平份子，實為失敗主義者；立場來自個人利益思考，嚴重可至「通敵賣國」在所不惜。照此標準，來論斷張昭與譙周——誰是反戰的和平主義者？誰才是標準的投降失敗主義者？看來張昭是有被歷史汙名化的誤導；至於，譙周，這位「山寨」版的反戰思想者，倒像極了拿著水晶球的江湖術士，更符合極失人臣之格的投降政客。

張昭通過平反，定位反戰思想下的和平主義者，基本上，正是他以江東蒼生，而非一國之君的功名為念，也是因為張昭耿直的堅持「主和」，使他一生得不到孫權的青睞，一再錯失丞相之職，不似「主戰派」對手魯肅，後發先至。

張昭是孫策時期的延攬人馬，孫策視與張昭關係，如同管仲之相齊桓。孫策臨終前，囑咐張昭「若仲謀不任事者，君便自取之。」，於孫權則曰「內事不決可問張昭」，孫權之母吳夫人臨終也「汝事子布、公瑾以師傅之禮，不可怠慢」。照理，張昭在此加持下，應位高而權重，但情勢發展是張昭的地位卻明顯、迅速的被魯肅取代，而這一更易，起自主戰周瑜的安排。策死不久，孫權掌事，馬上見了周瑜，問起：「今承父兄事業，將以何策守之？」瑜曰「為今之計，須求高明遠見之人為輔，然後江東可定也。」權曰「先兄遺言內事託子布，外事全賴公瑾。」，瑜曰「子布賢達之士足當大任，願薦一人以輔將軍。」，言中，孫權所關心者是「何策『守』之？」，且態度上也有張昭可賴了，周瑜卻依然力薦了魯肅。孫權見了魯肅後，果然，可以馬上「馬吉」到單獨「同榻臥而共飲」（張昭就不可能做得到），獻上「切料漢室不可興，曹操不可卒除。為將軍計，惟有鼎足江東以觀天下之釁，勦除黃祖，進伐劉表，然後建號帝王以圖天下，此高祖之業也。」如此既富積極又具遠景誘惑政策，自討年青君主，不甘父兄之後的孫權歡心。

相較魯肅的窩心投契，張昭的老古板與以「教父」自居，遲早要把與權關係走向至范增之於項羽，伍子胥於夫差，也應驗老臣不願被新用的模式。比如有一次孫權設宴群臣，下令大醉方歸。張昭不以為然，馬上離席。孫權攔住他說「為共作樂耳，公何為怒乎？」張昭立即答道「昔紂為糟丘酒池長夜之飲，當時亦以為樂，不以為惡也。」孫權弄得「三條線」，深感慚愧。下例事情，更顯見張昭之不通「人情世故」，曹操破袁紹，「命孫權遣子入朝隨駕」，實送子與曹為人質，猶豫之間，昭竟以「遣子入朝，不過是牽制諸侯之法，不去恐興兵江東。」昭之老實不做作，就不如瑜之「將軍承兄父業，兵精糧足，將士用命，有何逼迫欲送人質？」

來得體貼、悲壯，「權遂從其言，不遣子」。張昭以老臣之姿，不時在孫權面前直言進諫，孫權曾說「孤與張公言，不敢妄也。」但張昭動輒指責孫權行事，固然於孫權有良性的作用，長久以往，勢難與孫權交心，魯肅的出現，自讓孫權對張昭從此是內事雖問，但也不從。

此後孫權從魯肅議，伐江夏黃祖，張昭不斷以「居喪」反對，瑜曰「報仇血恨，還看時間」，孫權都站在張昭對立，選擇了主戰的決定。周瑜加魯肅的年青「主戰」組合取代了孫策所期望——周瑜加張昭的搭配，終於在赤壁之戰的爭論，如魯肅說理：

「如肅等降曹，累官不失州郡也，將軍降操，位不過封侯，車不過一乘，騎不過一匹，從不過數人，豈得南面稱孤哉！眾人之意，各為自己，不可聽也！」正是以投降派的大帽子，扣上張昭。

魯肅甚至乾脆點名「張子布等勸主公休動兵，力主降議，皆全軀保妻之臣為自謀計耳。」，結果孫權聽從主戰，一戰成功，魯肅立刻成了東吳周瑜之後的第二號人物。

如純以上屬情事外表，張昭被貼上「投降派」標籤，不失真實。但客觀以張昭反戰的理由「主公大勢可拒操者，長江也。今操既得荊州長江之險，已與我共之矣，不如納降，為萬安之策。則東吳民安，江南六郡可保」，曹操的實力的確在孫劉之上太多，張昭以江東民命為計，為他真心掛念，不信「一將功成萬骨枯」的英雄主義，當不為過，這從曹操得漢中，再度侵吳，大戰合淝，孫權被張遼在逍遙津，殺得落花流水，死傷極為慘重，終於，孫權首從張昭「操勢大，不可力取，若與久戰，大損士卒，不若求和安民為上。」求和曹營，孫權在語曹操「足下不死，孤不得安」，亦不失格，互不侵犯默契下，北境自此反得長久的安定。

張昭有無以主和而營個人的政治之私呢？可由以下事察查：蜀、吳終因荊州歸屬，鬧到要兵戎相見，孫權乃求助於曹丕，曹丕乃封孫權為吳王，命刑貞為特使至吳，刑貞自恃上國天使，見孫權引文武百官來迎，倨傲到竟不下車答禮，百僚中，卻是「主和」之張昭大怒，厲聲曰：「禮無不敬，法無不肅，而君敢自尊大，豈以江南無方寸之刃耶？」這簡直是要血濺五步的威脅了，可見張昭之主和思想是以國家尊嚴利益為出發，而非個人者。

孫權終非久居人下，見諸葛亮「出兵兩次，魏兵損將亡，群臣皆勸興師伐魏，以圖中原。」這顯現一個信號，張昭的主和派不是瓦解，就是落居少數，至少以往一向並肩盟友的主和大將顧雍，已經轉向主戰。張昭見孫權之躍躍欲試，乃建議孫權「可即皇帝位，然後興兵。」然一旦孫權稱帝，張昭依然回復主和立場「陛下初登寶位，不可動兵，只宜修文偃武，增設學校，以安民心。與蜀同盟，共分天下，緩緩圖之。」孫權戰與不戰之間，最後，採取陸遜折衷觀望的「虛作起兵之勢，待孔明攻魏急，可乘虛取中原也。」

孫權稱帝後，選擇了顧雍為相，等於宣告張昭政治影響力結束。孫權對這位輔國重臣也尊重日減，不假辭色。某日設宴，諸葛瑾之子諸葛恪，奉孫權命把盞，至昭面前，張昭以此非「養老之禮也」，不飲。孫權竟對恪曰「汝能強子布飲乎？」恪領命，對昭曰「昔姜尚年九十不言老，今臨陣之日，先生在後；飲酒之日，先生在前，何謂不養老也？」張昭無言可答，只得強飲。不論是諸葛恪刻意報當日張昭獻計孫權以其父謹一家，脅諸葛亮還荊州之怨，還是受孫權暗示羞辱張昭，都證明張昭與孫權君臣關係走到盡頭。

孫權、張昭終於在遼東太守公孫淵一事，爆發彼此多年的壓抑：遼東太守公孫淵反魏，向孫吳稱臣，張昭反對與公孫淵結好。孫權仍派張彌和許晏到遼東，送上金銀珠寶，封淵為燕王，果然，公孫淵反復之間，砍了張彌和許晏，獻給魏國，消息傳來，張昭竟意氣至罷工不上班，孫權已夠沒面子，這次也忍不住，命令用土封住張昭的家門外，表示張昭有種就別再出門了；張昭也火上加油，自己用土幫孫權再把自家門內堵住，打算作終生宅男。豈料，孫權不到此為止，繼續把滑稽變鬧劇，竟下令火燒張昭的家門，逼張昭出門，但這方法也沒嚇倒張昭，因此孫權只好又下令將火又撲熄。孫權見硬的不成，只好在張昭家門前，站起衛兵，一付小孩要賴本事，張昭才在兒子的攙扶下，出門與孫權和解。君臣之間能「感情」如此，也是歷史少見，只是不知倘孫策地下有知，作何感想了。

至於大部三國讀者對張昭印象不良，這應與張昭出了太多不入流的點子有關，像綁諸葛瑾一家老小，要脅諸葛亮還荊州或以小人之心，揣測諸葛瑾一去荊州，定將不返，最後，又獻計誘騙孫夫人與阿斗回江東，來換荊州，專打婦人孺子主意，實有失重臣格調。

投降的失敗主義者——譙周

「偷生腐儒，豈可妄議社稷大事！昔先帝在日，譙周未嘗幹預國政；今妄議大事，輒起亂言，甚非理也！」

劉諶

相較張昭的諤諤之士，重在蒼生為念上的反戰思考，死時更是兩袖清風。譙周則如占卜求卦的江湖郎中，是以「怪力亂神」干亂政事，總能在國之將危時，看到「異象」，託以天意而非民意，勸君降敵亡國。依劉璋時，勸劉璋降，跟劉禪時，逼後主降；以專業配合政治正確，歷代得保身家官位，魯肅批評張昭「如肅等降，累官不失州郡也！」卻驗證在譙周身上，行為不只投降，更近投機。

《演義》中，譙周最早服務於益州劉璋，以觀天文星象而有名氣，按此等陰陽專業人物，遇英明果斷之主當政，頂多用乎節祀慶典或天乾地旱求雨之時，但逢心智虛弱主君，一旦「不問蒼生，問鬼神」，此輩往往竟成國師。諸葛亮評劉璋個性本就「昏弱、婦人之仁」，一見原本要來救援的馬超變成了來招降，「驚得面如土色，氣倒於城上。」直想打算「開門投降，以救滿城百姓」，董合、黃權、劉巴不失冷靜，馬上分析「城中尚有兵三萬人，錢帛糧草可支一年，奈何便降？」，既足兵足食，加上地利，何況還有曹操、張魯的外力運作機會，任何稍有決心者，不一決生死，至少也會以拖待變。譙周身為人臣，不以專業激勵主君氣勢亦罷，卻附和「主公之言，正合天意」，而譙周投降獻土理由竟是「一載之前，小兒謠雲『若要吃新飯，須待先主來』，此乃預兆，不可逆天道。」降備後，果然，譙周「盡皆重賞，並皆擢用。」譙周也找到了新飯票的劉備。

曹丕篡漢，漢亡，孔明以劉備乃漢室苗裔，建請繼承帝位，延續漢祚，劉備不願。孔明「乃與譙周商議，言天下不可一日無君，欲尊漢中王為帝。」反應快的譙周曰「近有祥風慶雲之瑞，成都有黃氣數十丈，此正應漢中王當即帝位，以繼漢統。」這大概是譙周的異象，來得最恰到好處一次。

在蜀漢任官時期，譙周一貫反對北伐。諸葛亮首度北伐，譙周以天文「北方旺氣正盛，星曜倍明」勸阻，諸葛亮第五次北伐，竟奏後主以「群鳥數萬，投於漢水而死，盛氣在北，成都之民，聞柏樹夜哭，有此數般災異，不可妄動。」完全是以「怪力亂神」干預朝政。無怪諸葛亮氣得「豈可以虛妄之災氛，而廢國家大事。」痛斥譙周。

不知是否受諸葛亮的「不學無術」刺激，姜維繼孔明多次北伐失利，譙周首度著《讎國論》而非以怪力天象，力陳北伐之失，勸姜維當效「周文養民，以少取多；句踐恤眾，以弱斃強；時可而後動，故湯、武之師，不再戰而克，誠重民勞而度時審也。」不以人廢言，譙周此文的論理有據，言之成理，比他以「聞柏樹夜哭」的說法，要清醒理性一百倍。但姜維第九次伐魏，譙周又回復專業「將星暗而不明」苦諫，後主不從，譙周以推病不出抗議。姜維不久也下野，劉禪寵信黃皓，也由星座大師譙周問卜，更下等淪落至以「師婆」問政，聽信女巫言「『數年之後，魏國疆土盡歸陛下矣！』，後主大喜，重加賞賜。」國事已至不可收拾。

所謂「最是倉惶辭廟日，教坊猶奏別離歌」，最足形容阿斗在成都，聞鄧艾取了綿竹，劉禪之驚惶無措，直有如當年劉璋於馬超兵臨城下，獻出益州一幕，或者說是劉備奪同宗基業的輪迴上演。劉後主乃召集緊急會議，只見蜀漢群臣猶如樹倒之狐孫，眾議以可避「南中七郡，其地險峻，可以自守，就借蠻兵，再來克復未遲。」有的以為可奔盟國東吳，「蜀、吳既同盟，今事急矣，可以投之。」，都被打定投降的譙周以「南蠻久反之人，平昔無惠；今若投之，必遭大禍。」及「自古以來，無寄他國為天子者。臣料魏能吞吳，吳不能吞魏。若稱臣於吳，是一辱也。若吳被魏所吞，陛下再稱臣於魏，是兩番之辱矣。不如不投吳而降魏。魏必裂土以封陛下，願陛下思之。」譙周意見也就是不躲避，也不投靠，乾脆直接投降，有個官作就罷了，譙周一付駕輕就熟的賣國專業嘴臉，終令劉禪第五子北地王劉諶看不下去，厲聲而罵譙周曰：

「偷生腐儒，豈可妄議社稷大事！昔先帝在日，譙周未嘗干預國政；今妄議大事，輒起亂言，甚非理也。臣切料成都之兵，尚有數萬；姜維全師，皆在劍閣；若知魏兵犯闕，必來救應，內外攻擊，可獲大功。豈可聽朽儒之言，輕廢先帝之基業乎？」後主不聽，責以「汝小兒豈識天時！」，遂令譙周作降書，並向鄧艾呈上降款玉璽。君臣出降。蜀國「戶二十八萬，男女九十四萬，帶甲將士十萬二千，官吏四萬，倉糧四十餘萬，金銀三千斤，錦綺絲絹各二十萬疋。」沒作何抵抗就獻給了魏國。

至於譙周下場，只見演義寫道「皆封侯爵」，譙周雖不比開門揖盜，引狼入室，西川之張松與漢中楊松者流，卻總是關門歇業的最力推手，直可謂是西瓜靠大邊，見風轉舵，保官位身家於不墜，發國難財之高手。

「反骨」？抑「傲骨」？——魏延

「諸葛亮平生謹慎，未敢造次行事，若是吾用兵先從子午谷取長安，早得多時矣。」

司馬懿

諸葛亮雖是集才與德一身之完美化身，但一生真要找出可供挑剔討論者，該是他對魏延總予人有股「成見」至缺乏理性的感受，就像他對馬謖的偏聽。魏延自投效之日起，就被諸葛亮以「腦後有反骨」，不斷人前人後，重復暗示魏延「素有反相，因憐其勇而用之。吾自有法，早晚處之。」汙名化到底。但細觀魏延在蜀的表現，與其說魏延有「反骨」，不如說是有「傲骨」所害吧！三國志評曰：「魏延以勇略任。覽其舉措，跡其規矩，招禍取咎，無不自己也。」，客觀而言：魏延不過就是一位愛發牢騷，自負傲慢，大抵人緣不佳的將領，但要講到如劉封、孟達之通敵叛國程度不但沒有，魏延連私通、勾串的「反意」也不見；演義最後，魏延的叛逆行為，實在有被「逼反」之委曲嫌。

劉備稱漢中王，冊封五虎上將時，魏延緊接其後，排第六；魏延對蜀軍事的貢獻，就時間與效果，除趙雲外，當不下另四人，自荊州戰事算起，先後參與漢中、西川、南蠻與北伐，後兩項戰事，魏延甚已至頭號主將地位。魏延初登場，在第四十一回，劉備軍為曹操所迫，走至襄陽，劉琮聽信蔡瑁之言不讓劉備進城，當時守城，「身長八尺，面如重棗，目若朗星」的魏延，挺身而出，「劉使君乃仁德之人，今為救民而來何得相拒。」，大開城門，欲放劉備軍隊入城，可是劉備為免百姓死傷，決定不進城。後來魏延與文聘交戰後，「自襄陽趕玄德不著，來投靠長沙太守韓玄」，可見魏延自始即慕玄德仁義之名，欲為所用。

後來關羽攻長沙，與大將黃忠交戰，韓玄認為黃忠與關羽「外通內連」要殺黃忠，魏延乃率吏民殺掉韓玄，投降劉備。可是甫到劉備營中，便被諸葛亮藉口「食其祿殺其主是不忠也；居其土而獻其地是不義也。吾觀魏延腦後有反骨，久後必反，故先斬之，以絕後根。」如果按照諸葛亮同樣的標準「食其祿殺其主是不忠也；居其土而獻其地是不義。」來判定投靠人物，大概除關張之外，別說魏延，馬超、姜維、法正、靡竺等等，也不符標準，其理虧，連劉備也說「若斬此人，恐降者人人自危。」求情方才作罷。

究實，諸葛與魏最大的衝突，與其是「面象」之故，實為北伐軍事路線爭議，諸葛亮第一次北伐時，魏延就以諸葛亮過於謹慎，建議：因長安守將夏侯楙，怯而無謀，故「延願得精兵五千，當子午谷而北，不到十日，可到長安。」並批評「丞相從大路盡發，彼必盡起關中之兵，則曠日持久，何時而得中原？」但被孔明「吾依法進兵，何憂不勝？」駁回。

魏延子午谷爭議，固然是「出其不意，攻其不備」的奇兵可行，亦有看法認為此計太過一廂情願。但就結果論來看，孔明的祈山路線，六次失利都是以戰爭、戰線的拉長，致糧草不繼有關，《演義》第一百回〈武侯鬥陣辱仲達〉中，連自家眾將也不耐質疑「取長安之地別有路途，丞相只取祈山，何也？」，第九十五回〈襲陳倉武侯取勝〉，司馬懿也承認「諸葛亮平生謹慎，未敢造次行事，若是吾用兵先從子午谷取長安，早得多時矣。」，附和魏延之戰略路綫，諸葛亮不採魏延積極用兵之議，難免不予人有「以人廢言」感。

這一戰略的不同，應是使諸葛亮與魏延將相大鬧內哄的關鍵。羅貫中趁勢掛勾此一戰略的分歧到反骨的聯想，堆積魏延的謀反情結，反見牽強，不合常情。二次北伐，魏延只因攻打陳昌不力，諸葛亮大怒，要斬魏延。《演義》第九十九回〈司馬懿入寇西蜀〉，諸葛亮預見「張郃追兵來，必死戰，吾欲以伏兵截其後，需以一當十，非智勇之將，不可當此任。語畢，以目視魏延，延低頭不語。」語暗延之怯懦。待自家眾將陳式、張嶷、杜瓊終按捺不住祈山路綫一再失利，在魏延「子午谷」路線的刺激下，陳式逕自用兵，孔明雖得藉口，卻斬陳式，不殺魏延，「欲留之後用也」。孔明第六次出祈山，終於要求孫吳履同盟約，共同出兵伐魏，孫權問何人「當先破敵」，答曰「魏延為首」，權笑曰「此人勇有餘，而心不正，若一遭無孔明彼必為禍。」孔明聞之「真聰明之主也，吾非不知此人，因惜其勇，故用之耳！」孫權與魏延素昧平生，認其必反，根據當不脫來自反骨之說。待五丈原時，諸葛亮病重，離死已進，「於帳中祈禳北斗，踏罡步鬥，壓鎮將星」，做法延壽時，戰起，魏延緊急入帳報告時，「步急，將主燈撲滅」，姜維在旁欲拔劍殺之，「孔明止之曰『吾命當絕，非文長之過也！』」催升魏延當死的民怨到了頂點？真是欲加之罪何患無詞。

子午谷路線雖不獲納採，北伐中，魏延的表現卻是服從與傑出的，首次北伐他大破了魏國雍州刺史郭淮，斬先鋒曹遵，第二次更斬大將王雙。但魏延恃勇矜功，性情傲慢，卻是事實，他同長史楊儀尤其不合，勢成水火。蓋如蔣琬分析「楊儀為人稟性過急，不能容物；魏延平日恃功務高，人皆下之，儀獨不假借，延心懷恨。」可見兩人性格狹窄，積怨已久，諸葛亮不是不知，仍將兩人帶在一塊，待諸葛亮一死，便立即爆發內鬥，結果魏延失敗，栽上「反叛」的罪名，演義則移花接木，排上「遺計斬魏延」的劇碼。

諸葛亮死後，楊儀等秘不發喪，先派人探聽魏延意見。魏延不滿竟由楊儀代理指揮，說「丞相雖亡，吾今現在，楊儀不過一長史，安能當此大任，我自率兵攻司馬。安肯與長史斷後。」楊儀於是不理魏延，置敵前總司令的魏延於不顧，「自令伯約斷後可也」，自行把軍隊帶回成都，亦不合法理。魏延派人查探大營，發現大軍正在做撤退準備，發覺自己被強迫斷後，魏延勃然大怒，終於引爆兩人宿怨，演變成軍事衝突，兩人之不能相忍為國，竟然如此。魏延搶先領軍急退，並燒毀沿途閣道。楊儀等人從另一路道追趕魏延，到了南谷口，兩軍相遇，魏延的士卒紛紛散去，於是魏延與數人南奔漢中，被馬岱所殺，楊儀踏著魏延的斷頭羞辱，罵道：「庸奴！復能作惡不？」

魏延之死不過是內部人事的鬥爭所害，這當然與他不謀人和，自負行事有關，羅貫中大概想發揮諸葛亮的神機妙算，套「反骨」之說於魏延之事實的情況，然不但不替諸葛亮加分，反引後世疑其智慧，誠始料未及。

二代帝王之命運——劉禪、曹髦

「齊桓得管仲而霸，用豎刁而蟲流。安樂公得諸葛亮而抗魏，任黃皓而喪國，是知成敗一也。」

晉書　李密傳

三國第一代君主劉備、曹操、孫權之接續凋零，後繼君王，呈現了兩大類型：不是才識平庸，難與第一代並論；就是年少繼位，大權開始旁落，成了傀儡政府。故讓賢以求全，或為尊嚴反抗，成了這些三國「第二代」君主以下的人生抉擇，其中，性格、命運典型可論者，有蜀後主劉禪與魏帝曹髦。

劉禪，這位耳熟能詳，小名阿斗之皇帝，揹負著父親復興漢室的重任，卻似老莊的「無為」而治，自難符合大眾對英明君主「乾綱獨斷」的期待想像，結果被後世以「扶不起的阿斗」論定，與「懦弱、無能」畫上等號，但單獨平常心論，劉禪「讓賢使能，充分授權」不嫉才的雅量，蜀之內政竟是三國之中，最安定且無巨室之害；而陷其一生罵名的「樂不思蜀」

句，卻是得解司馬昭防患之心，而得一生無憂無慮，終享天年；故以劉禪為「昏君」實在太過，從出生到終場，應驗大難不死，必有後福，充其量不過是傻人有傻福罷了！

魏之政權直到第四任曹芳接位，大權始正式旁落於司馬家族，至曹髦，司馬昭專橫跋扈，已至「司馬昭之心，路人皆知」，與劉禪的認份與自量較，曹髦明知是以卵擊石，卻不甘為傀儡，選擇與其一味苟活在政治屈辱裏，寧可奮力一擊，尊嚴而死。劉禪與曹髦同樣在政治終極的道路上，遇見了司馬昭，卻選擇了不同的政治決定，劉禪的認命與識時務與曹髦不顧一切，「寧鳴而死，不默而生」，都是三國後期令人懷念及具教訓意義的君主人物。

劉禪這位年輕皇帝，他自始活在如君如父，擁有「君可自取成都之主」及父命囑咐「汝與丞相從事，事之如父」的諸葛亮庇蔭之下與曾有兩度救命之恩的趙雲及一群打天下的老將之中，他心理是絕對壓抑的。這位在諸葛亮口中「天資仁敏，愛德下士」的君主，只能完全聽命授權於丞相諸葛亮，「政事無巨細，咸決於亮」。而諸葛亮為報「三顧茅廬」的知遇之恩，權力也集中到了「宮中府中俱為一體」，「罰二十以上皆親攬焉」，人事、軍事一手包辦的地步。孔明一次北伐因馬謖街亭之失，致全盤瓦解，諸葛亮可以「自作表文，請自貶承相之職」，劉禪也只得「詔貶右將軍，仍行丞相職」，但在馬上展開之第二次北伐，孔明一旗開得勝，劉禪馬上「識相」的「回復丞相職」。隨後司馬懿命人散佈流言「孔明自恃大功，早晚必將篡國」，劉禪信之，緊急詔回，孔明也毫不忌諱對劉後主曰「『今若內有奸邪，言臣有異志，臣安能討賊？』，後主默然無語，曰『朕過聽宦官之言，召回丞相，今日茅塞頓開，悔之無及。』，孔明乃將妄奏的宦官誅戮，餘皆廢出宮外。」後主連最後「近侍」的人事也沒了。

據《三國志》記載，諸葛亮死後，劉禪也想證明自己的才能，「乃自攝國事」，他為擺脫諸葛亮的一人獨裁陰影心理，行動上都站到了對立面，首先廢除了丞相制，設立尚書令、大將軍和大司馬三職互相制衡，軍政事務分開，此外，劉禪對於繼承諸葛亮北伐遺志的姜維也不再支持，採納譙周「讎國論」之「伯約（姜維）累欲征伐，不恤軍士，國將危矣！」逼得姜維只得暫時下野避禍，而且劉禪對於宦官黃皓也頗為寵信，缺乏自信能力下，終不問蒼生，信鬼神，竟以女巫問政。陳壽於《三國志》認為劉禪是「素絲」——也就是說劉禪本質如白布般的老實人，早年得諸葛亮輔助，所以「任賢相則為循理之君」；但後來寵信黃皓，敗壞政事，卻是「惑閹豎則為昏闇之後」，無怪諸葛亮一再先見之明以「遠小人，親賢臣」告誡。

蜀漢亡後，劉禪移居魏國都城洛陽，封為安樂公。某日司馬昭設宴款待劉禪，刻意演奏蜀樂曲，蜀漢舊臣們想起亡國之痛，個個掩面或低頭流淚。獨後主「嬉笑自若」。司馬昭見到，便問劉禪：「頗思蜀？」劉禪答道：「此間樂，不思蜀也。」司馬昭乃有感而發「人之無情乃至於此，雖諸葛孔明在，亦不能輔之久全，何況姜維乎？」在儒家教忠教孝之下，這是阿斗陷千古罵名之最大原因，但反過來說，此時已寄人籬下，命在旦夕，如仍朝思暮想故國山河，效李後主「小樓昨夜又東風，故國不堪回首夜明中。」惹宋太宗生疑而遭謀害，也不見高明。司馬昭「因此深喜後主誠實，並不疑慮」，劉禪就這樣在洛陽安樂地度過餘生。

曹髦是三國時期曹魏第五位皇帝，即帝時才十四歲，雖然正值少年，曹髦應召初入洛陽時，群臣迎拜，曹髦見此陣容，趕緊下轎回拜還禮，禮賓官員從旁說「主公當不答禮。」，曹髦應道「吾亦人臣也。」進城至皇宮止車門，曹髦規矩地下轎步行，左右「扶髦上輦入宮」，他答道「太后詔命，不知為何，吾安敢乘輦而入，遂步行至太極東堂」，拜見太后。曹髦明知將接掌皇位，但沒有正式即帝位前，君臣之禮不可隨便，這些謹慎而得體的舉止，預告說明曹髦是一位極度重視節度典範，一旦坐上帝位，就是要當真皇帝的人，諷刺是，他所即將要面對，卻是「入朝不趨，奏事不名，帶劍上殿」，視君主如無物傀儡，極欲篡權取代的司馬昭。

相較曹芳的被動，曹髦反抗司馬昭顯得更有自信與主動，甫立，鎮東將軍毋丘儉、揚州刺史文欽「盡起淮南軍馬，仗義討賊」，起兵反抗司馬氏，雖被司馬師率兵鎮壓下去，司馬師卻為此病重「眼睛迸出而死」，曹髦趁司馬師病逝，命奔喪的司馬昭留鎮許昌「以防東吳」，企圖將司馬昭隔絕中央，但這一企圖被司馬昭識破，「乃起兵還屯洛水之南」，開始對這位年少皇帝起了戒心，「自為天下兵馬大都督，一應事務，不奏朝廷，就於相府裁處。」不久，淮南諸葛誕又聯合孫吳，出兵誅討司馬昭，這不斷忠於魏室的行動，讓司馬昭益感避免夜長夢多，反更加速了他篡逆之心。

在諸葛誕「勤王」出兵又逢失利下，曹髦寫了一首《潛龍詩》，毫不掩飾他對司馬昭之不滿與失落，這位青少帝主以「蟠居於井底，鰍鱔舞於前」表達他的哀憤，引爆兩人朝廷之上公然口角攤牌，終於使司馬昭決心「若不早圖，彼必害我」。曹髦乃召見王沈、王經、王業等三人，憤慨說道：

「司馬昭之心，路人皆知也！吾不能坐受廢辱，卿等可助朕討之。」

尚書王經勸道「權在司馬，為日久矣；滿朝文武，不顧逆順之理，非一日也。皇上宿衛空闕，無用命之人。陛下若不隱忍禍莫大焉。且宜緩圖，不可造次。」

曹髦斷然道「是可忍，孰不可忍也。朕意已決，便死何懼」。

三國最「君臣失義」的慘烈一幕，就這樣在眾目睽睽之下上演了。曹髦在「宿衛空闕，無用命之人」，也就是身旁空無一人，連自保都不足，還想先發制人，不過是孤注一擲，白白送上性命。「曹髦拔劍升輦，自率殿中宿衛、蒼頭官僮三百餘人，鼓噪而出」，曹髦帶著這些老弱烏合之眾，碰上司馬昭所派親信賈充、成濟所率鐵甲禁軍鎮壓下，再如何曹髦是天子，禁軍一時不敢動，成濟顧謂充曰「當殺？當縛？」賈充說「『司馬公有令只要死的。』成濟一戟刺中髦前胸，撞出輦來，再一戟，刀從背上透出，曹髦當即倒下」，年僅二十，提早完結他不想要的未來生活。

曹髦的舉動固予人是「驅羊而入虎口，空死無益。」，但從曹髦擺明不配合作傀儡的情形下，下場不是被廢或被殺謀害的日子期當不遠。劉禪、曹髦同樣是面對司馬昭，劉禪以認命而安養天年，曹髦乾脆選擇壯烈一擊，死得其所，到底兩人誰聰明，誰傻瓜？性格決定命運，以此為誡。

一意許知己——太史慈

「一意許知己，死亡不相負。」

孫策

《演義》中，太史慈是第一位出場的東吳戰將，較周瑜、魯肅等更早亮相。太史慈身長七尺七寸，有美鬚髯，猿臂善射，箭術了得。《三國志》中，孫策對太史慈的評價相當傳神到位「太史子義雖氣勇有膽烈，然非縱橫之人。其心有士謨，志經道義，貴重然諾，一意許知己，死亡不相負。」這「一意許知己，死亡不相負。」最足堪形容太史慈「士為知己者死」的選主執著，大不同於三國人才「良鳥擇木」求職模式。

太史慈早在《演義》第十一回「劉皇叔北海救孔融，呂溫侯濮陽破曹操」初登場，因為太史慈長年遠門在外，孔融「常使人遺以粟帛」資助其母，因此，當孔融被黃巾管亥所圍，太史慈乃奉母命，單馬往援孔融，孔融「雖未識面，卻曉得他是個英雄」，乃命遣太史慈向遠在平原當縣令的劉備求救兵，「管亥知有人出城，料必是請救兵的，便自引數百騎趕來，八面圍定，慈拈弓搭箭，八面射之，無不應弦落馬。」突圍而得見劉備。

因此，孔、劉其實是太史慈最先遇見的三國「明主」級人物，三方不乏求才與覓主的孔急，且孔融是漢室忠臣，又有資母之恩，網羅太史慈當不困難；劉備更是人氣天王，挖角高手，一般英雄人物見之，常有「撥雲霧而見青天」的動心投效，而太史慈初見劉備，自我介紹時，說道「某太史慈，東海之鄙人也。與孔融親非骨肉，比非鄉黨，特以氣誼相投，有分憂共患之義。今管亥暴亂，北海被圍，孤窮無告，危在旦夕。聞君仁義素著，能救人危急，故特令某冒鋒突圍，前來求救。」可見太史慈對孔融的關係是「氣誼相投，分憂共患」，對劉備的印象則是「聞君仁義素著，能救人危急。」彼此可見是氣息相投，印象俱佳，劉備乃領關、張協同太史慈，一起出兵往北海搶救孔融，劉、關、張、太史的良好默契與作戰，更建立同袍之誼：

「太史慈、張飛兩騎齊出，雙槍並舉，殺入賊陣。玄德驅兵掩殺。城上孔融望見太史慈與關、張趕殺賊眾，如虎入羊群，縱橫莫當，便驅兵出城。兩下夾攻，大敗群賊，降者無數，餘黨潰散。」

孔融迎接勝利的玄德與太史等入城，敘禮畢，大設筵宴慶賀時，以直覺來預測發展，太史慈應該如一般英雄之眼光，優先選擇劉備；而劉備也應發揮他「我初見子龍，便有不捨之心。」的習慣性動作，來個外托君臣，內結骨肉的交納。誰想太史慈完事後，隨即拜謝曰「慈奉母命前來相助，今幸無虞。有揚州刺史劉繇，與慈同郡，有書來喚，不敢不去。容圖再見。」融以金帛相酬，慈不肯受而往揚州去了。不但沒有留下為孔融效力，也沒有跟隨劉備，而更令人訝異是劉備也無動於衷，沒有把握機會，作出任何網羅的動作，不似子龍返回公孫瓚時，劉備必有之「揮淚而別」。

太史慈終歸年輕、浪漫的孫策所用，由這兩位青年將軍「不打不相識」的過程，可見太史慈擇主是以性情契合，是重感性更甚於理性的典型。

投靠同鄉的劉繇後，不久，孫策軍至，一心期待建功報效的太史慈，卻被劉繇以其「汝年尚輕，未可為大將」冷凍在旁，《三國志》載劉繇曰：「我若用子義，許子將（許以識人而名）不當笑我邪？」一心有不甘的太史慈終於等到機會，習慣「落單」的孫策，自負只帶十三騎，跑到劉繇大寨神亭嶺上觀敵，眾人以是孫策誘敵之計，太史慈知道後「此時不捉孫策，尚待何時！」，太史慈大喊「有膽氣者，都跟我來！」無人敢動，太史仍然上前與孫策戰，只見孫策也像男子漢一樣，不以多欺少，一對一，兩個人從馬上打到馬下，「兩個棄了鎗，揪住撕打，戰袍扯得粉碎」，最後，孫策搶得太史慈的手戟，太史慈亦得孫策兜鍪，一個刺，一個遮架，直到雙方兵騎來赴，方才歇手作罷。

後來劉繇不敵孫策，引軍逃走，太史慈仍獨自頑抗下，最後被俘，解投大寨，「策親自出營，喝散士卒，親釋其縛，將自己錦袍贈之。慈見策，待之甚厚，遂請降。策執慈手笑曰『神亭相戰之時，若公獲我，還相害否？』慈笑曰『未可知也。』」孫策這種「哥兒們」英雄惜英雄的情義結交，自然較正經八百，感情作做的方式，更引年輕英雄太史慈的傾心歸順。當劉繇破亡後，尚有餘眾未降，太史慈自請前往安撫。其時孫策軍中眾人都認為太史慈會藉此逃跑，不再回來，孫策卻堅信太史慈必不背諾，策曰『太史子義，青州名士，以信義為先，終不欺策。』太史慈果能於日中約定而回，此事一方面可見太史慈信守必行，而孫策亦有出眾的帶人帶心的能力。

太史慈後來於合淝之戰一役中；獻「裡應外合」之計被張遼識破，張遼將計就計，安排伏兵，襲擊進入合淝城的太史慈；太史慈身中數箭，回營後傷重身亡。臨亡時，歎息道「大丈夫生世，當帶七尺之劍，以升天子之階。今所志未從，奈何而死乎！」享年四十一歲。

太史慈以孫策為知己之主，而非孔、劉，除了與孫策個人英雄主義的浪漫豪邁對同樣年輕重感覺的太史慈，自有更大的吸引力，想必也與鄉土意識有關，至少我們知道東吳是三國中最「本土化」的政權，文武人士是完全就地取材，這也說明太史慈寧可投才德平庸的同鄉劉繇，而對來自北方的孔融、劉備感到疏離；劉備又何其不然，是以對北方人的子龍能有一見不捨之情，於太史慈卻無動於心也！

有失氣節的——法正

「法正著見成敗，有奇劃策算，然不以德素稱也。」

陳壽

三國演義中的法正像

三國各自基業之始得，孫堅是自洛陽得璽後，決定立刻打道回鄉，創業江東；曹操則是乘黃巾亂再起，奉詔入朝輔佐，乘機挾天子以令諸侯，掌控中原；當此之時，劉備則依然流離，其間雖有徐州，但在曹操勢力範圍內，難得久存，直待赤壁大戰，劉備終『賴』得荊州，但出了誠信問題，面對吳之勢在必得，不還荊州，難以善了，劉備基業可圖者，只剩化外之地的漢中和西川。

漢中和西川，雖沃野千里號稱天府，但蜀道之難，難於上青天，其地勢險阻，連曹操初入漢中，見「山勢險惡，林木叢雜，不知路徑」，而曰「吾若知此處如此險惡，必不起兵來。」都立刻想打退堂鼓，待打下漢中後，用兵積極的曹操竟拒絕司馬懿建議：劉備以詐力取劉璋，蜀人尚未歸心，可一鼓作氣，續下西川，竟道「人若不知足，既得隴復望蜀。」這一遲疑，最後，將漢中和西川，全讓給了劉備。或許曹操以為劉備會遇到他入川一樣的地理與戰術的困難，但劉備卻是一路順利的取下西川、漢中，差別就在劉備有了內應——法正，作高人指點。是故諸葛亮雖有外部的運籌策畫之功，但如果沒有當地人法正的內部變節，劉備的這最後一把牌，也恐難胡成。

法正受劉璋俸祿，卻為劉備內應，與張松、孟達暗地裡背叛劉璋，聯合賣國，三人作為實更適用諸葛亮評魏延是「食其祿，而殺其主，是不忠；居其地，而獻其土，是不義」，不當留用的標準。張松後因密洩，被劉璋所殺；孟達更是反復成性，先叛蜀投魏，待想再叛魏投蜀，為司馬懿所擒斬；惟獨法正像「漂白」了一樣，彷彿是蜀之重臣。

張松向劉璋假託出川，以求外援名，行賣國之實，先獻西川圖與曹操不成，乃轉向劉備，劉備雖口中說不，卻欲拒還迎，曖昧暗示「蜀道崎嶇，車不能方軌，馬不能聯轡，雖欲取之，用何良策？」，張松馬上把圖攤開「但看此圖，便知蜀中道路」，劉備得圖形同拿到了西川入場券，但更引劉備信心者，卻是張松又說「松有心腹契友二人法正、孟達必能相助，可以心事共議」，西川內部有了臥底，十之八九保證成事。果然張松回川後，說服劉璋引劉備為外援，以拒外敵張魯、曹操；璋乃從張松之議，再派法正為使往荊州，請劉備入川。張松牽完線後，法正便接下整個賣川計畫的總執行人。

法正至荊州，見玄德後，力表「今劉璋不能用賢，此業不久必屬他人，今日自付與將軍，不可錯失，將軍欲取，某當效死。」法正說畢，使玄德「獨坐沉吟」，龐統再一現實利害分析，劉備終決定入川。

劉備入蜀沿途，劉璋令人一路錢糧招待，打算到涪城，再親為劉備接風，法正得知，竟對龐統建議「便可圖之，機不可失；就筵上殺之，一擁入成都」，就是別浪費時間，當場於設宴之間，殺掉劉璋代之，法正之狠由此可見。龐統將法正意見告知劉備，連劉備都不以為然「吾初到蜀中，恩信未立，若行此事，上天不容，下民亦怨，公此謀，雖霸者不為也！」話沒說完，法正入見「明公遠涉山川，驅馳士馬，若執狐疑之心，遷延日久，大為失計，某等非為自己，乃順天命也，乘此之時，出其不意，早立基業，實為上策。」法正的積極與兇狠的心思，終催出劉備的狼虎之心，堅定吞噬西川。

劉備取得西川，下個目標自是唇齒之依的漢中，黃忠擊敗張郃得天蕩山後，法正提醒劉備切忌重蹈曹操當年「得隴忘蜀」失策，建議北上進攻曹操大將夏侯淵，奪取漢中：「昔曹操降張魯，定漢中，不因此勢圖巴、蜀，而自引大軍北還，此失計也。今張郃新敗，天蕩失守，主公若乘此時，漢中可定也，既定漢中，進可討賊退可自守，此天與之時，不可失也！」劉備乃打鐵趁熱，由法正輔助黃忠，斬了夏侯淵，奪下漢中。劉備得益州、漢中，從此奠定了三國鼎立的基礎。

法正一朝得勢，自恃功高，就對以往故舊友人進行清算，有恩報恩，有仇報仇，「凡平日一餐之德，睚眥之怨，無不報復。」由於手段過激，有人向諸葛亮舉報，「法正太橫，宜稍斥之」，但諸葛亮的縱容寵信，卻以劉備最困頓、流離之時，「賴孝直為輔翼，遂翻然翺翔，今奈何禁止孝直，使不得少行其意耶？」因竟不問。劉備伐吳，群臣進諫，皆不聽從，諸葛亮竟感歎「法孝直若在，必能制主上東行。」亦就是法正若不早逝健在，當能制止劉備伐吳。

法正所幸是投劉備，羅貫中基於正統原則，淡化處理，縱然是避於「良臣擇主而事」的保護傘下，然法正之趨炎附勢，賣主求榮，也難掩蓋他性格及道德的缺陷。三國志陳壽評曰：「法正著見成敗，有奇劃策算，然不以德素稱也。」也就是法正雖有決定勝負成敗的奇策良謀，但卻不能稱許是有德之人。

帝后殺手——華歆

「天下人皆知陛下無人君之福，以致四方大亂，若非魏王在朝，弒陛下者何止一人？」

華歆

三國人物，品類繁眾，人之善惡判斷，如果擺脫漢室正統的意識形態論，單純就人格行事的給人觀感，要挑一位公認三國最令人厭棄人物，非魏之華歆莫屬。

華歆受人鄙視，在於其發達之道，是「只要得高官，有什麼不可以」，但凡能討主子歡心，可說是無所不用其極，手段之不仁冷血，讓人不齒。曹操時，虐殺伏皇后之手狠；在助曹丕篡漢上，對漢獻帝的威迫恐嚇，也只有他能幹的得心應手，盡失人臣之禮；為虎作倀，甘為鷹犬的打手作為，竟也官運亨通，歷曹操、曹丕、曹叡，位至三公，堪稱一絕。

華歆投機與貪圖富貴的性格，《演義》亦引用了《世說新語》中「割席絕交」的典故說明。原來華歆素有才名，與邴原和管寧相善，時人稱三人為「一龍」：華歆是龍頭，邴原是龍腹，管寧是龍尾。一天，管寧和華歆二人在園中耕作，挖到一塊金子，管寧照樣揮舞鋤頭，當作沒有那塊金子，華歆卻動念把金子撿起來，看了一下，才扔到一旁。又有一次，兩個人正在讀書，外面有高官巨賈的華麗車馬經過，管寧不為所動，而華歆卻丟下書本跑出去看。管寧於是割席分坐，不復與之為友。日後，管寧選擇「避居遼東，坐臥一樓，頭戴白帽，足不履地，終身不肯仕魏。」華歆雖官至朝廷的豫章太守，但見時局分裂，早投明主才是發達之道，竟棄漢家官位，降於孫策麾下，到了孫權時代，孫權為荊州事欲與劉備開打，卻又怕魏、蜀聯合，顧雍乃彷張紘之事──張紘先事吳，後為曹操以朝廷徵召離開，張紘事曹期間，卻心在東吳，曾成功勸阻曹操伐吳，終張紘也返還東吳──建議孫權「若使人赴許都，表劉備為荊州牧，曹操知之，則不敢加兵於東南，然後使心腹用反間之計，令曹、劉相攻，吾乘隙而圖之。」至於此一「臥底」人選，顧雍提名華歆，華歆見曹操前景更具利多，願以張紘自比，表達相當的「跳槽」意願，結果一旦換了陣營，華歆也換了忠誠，出使的任務根本置之度外，孫權原先心腹臥底的期待，完全落空。華歆小人性格由此亦見。

華歆的來到曹營，是漢獻帝、后的最大惡夢。漢獻帝苟延殘喘於曹操鼻息下，伏皇后乃與其父伏完密謀誅殺曹操，事跡敗露，華歆率兵入宮搜捕伏皇后，伏皇后躲於牆壁夾層中，甲士遍尋不著，華歆「料在壁中，便喝甲士破壁搜尋，歆親自動手揪後后髻拖出」，后哀求「望免我一命」，華歆冷言以「汝自見魏公訴去」，獻帝不忍，作最後生離死別擁抱，華歆見之，一秒也不願浪費他表功的急切，曰「魏公有命可速行」，華歆乃將披髮赤足的伏后推出，曹操以亂棒處死，獻帝痛心大喊「天下寧有是事乎！」只能說天下有華歆這樣的人，自有這樣的事！

曹操病逝鄴郡，世子曹丕是否立刻繼任魏王，群臣大部仍主宜有「天子詔命」的法統正當性，但也有人以此多餘，恐「愛子私立，彼此生變」的顧慮，應立刻扶正曹丕繼任魏王，兩邊僵持不下際，華歆及時自許昌趕來，拿出漢獻帝的詔命，解決了一切紛爭。原來，華歆老早料到這一刻，提前自行草詔，再威逼漢獻帝用印，讓曹丕穩穩當當的繼承魏王、丞相，華歆的不顧人臣之禮，欺淩犯上，將漢獻帝當提款機用，這個『獻』，應該是對華歆的官位最有貢獻了。

曹丕任魏王之後，華歆居首功，晉升相國。曹丕雖順利當上魏王，但對他的親生兄弟仍不放心，華歆揣得心意，即奏「曹熊、曹植，二人竟不來奔喪，理當問罪。」丕乃遣使問罪，嚇得曹熊畏罪，上吊自殺。至於曹植，由於共同生母卞氏求情，曹丕母命難違下，華歆竟曰「子建懷才抱負，終非池中物，若不早除，必為後患。」至於如何殺之，歆乃建議「人皆言子建出口成章，臣未深信。可召入，以才試之，如不能，即殺之；若果能，則貶之，以絕天下文人之口。」幸曹植才高八斗，七步成詩，以貶官而保住一命。

華歆挑起骨肉相殘，將曹丕內心深處的疑懼解決後。下一步的發達表現，就是服務曹丕篡漢。華歆旦聞李芝（與譙周是同卦的人物）奏稱：鳳凰、麒麟、黃龍到處出現，乃以魏代漢之兆時。華歆立刻表態，搶當鼓吹禪讓的急先鋒，率領眾公卿逼獻帝朝上攤牌，言「漢祚已終，望陛下效堯舜之道，禪與魏王，上合天心，下合民意」，面對這位殺了自己太太的華歆，獻帝竟無言半響，看百官靜默，只能哭曰「朕雖不才，初無過惡，安忍將祖宗大業，等閒棄了？」，再大哭躲入後殿，只見曹洪、曹休帶劍而入，逼獻帝出殿，華歆不達目的，絕不罷手，再一付別敬酒不吃，吃罰酒語氣恐嚇「陛下可依臣等之議，免遭大禍。」也就是今天不禪位，則性命不保，獻帝大聲道：「誰敢弒朕耶？」華歆厲聲道，「天下人皆知陛下無人君之福，以致四方大亂，若非魏王在朝，弒陛下者何止一人？」華歆狠話說完，「縱步向前，扯住龍袍，變色而言『許與不許，只在一言。』」，漢獻帝嚇得只能保命棄位，這般逼宮景象，只能換讀者大喊「天下寧有是事乎！」華歆先幫曹丕繼位魏王，現更直接把獻帝趕進歷史，又成了魏的開國大功臣。

華歆在曹丕官至司徒，丕死，曹叡即位，官至太尉，沒了漢獻帝，現又成了妒能害賢的小人了，當諸葛亮散佈流言司馬懿將反，華歆建議曹叡「司馬懿有鷹視狼顧之像，今日反情已萌，可速誅之。」見不成，再勸曹叡將司馬懿削職還鄉，罷歸田里。但司馬懿畢竟才華、本事非華歆以欺負婦人、孺子之徒的專業弄臣可比，旋即復出領導魏軍，抵抗諸葛亮的北伐，華歆自然失勢，不久死去，結束了以不堪堆積的一生，算是三國最受人唾棄的投機小人！

棄明投暗——陳宮

「布雖無謀，不似你詭詐奸險。」

曹操

三國賢臣猛將多有棄暗投明，但也有棄明投暗者，如陳宮就是一例。

陳宮寧可追隨頭腦簡單，四肢發達的呂布，也不就雖有才情，但不顧天下禮俗之曹操，以陳宮過人的聰穎，這是不是一個合理、高明的決定？陳宮是以見曹操殺其故舊，感曹操不仁不義，「心術不正」見棄，這本無可厚非，但而後改從以反覆、無信見長，也實談不上是「心術皆正」的呂布，也不見合理。陳宮嘉許曹操刺董，立場當是擁護漢室的正統之士，但支持呂布搶了劉備徐州，及在袁術、劉備的三角關係中，陳宮一貫的策略是結合袁術，誅殺劉備，這又讓人覺得陳宮也不一定欣賞仁義、忠信為著之士；與一般講究現實利益的短視之輩無異，那以自大無謀的呂布為主，實不如隨曹操發展，豈不相得益彰。事實上，曹操在白門樓上也問了這個類似疑問，陳宮以「布雖無謀，不似你詭詐奸險。」僅能說陳宮也有後悔跟了呂布的感覺，遇才能雅量之曹操不就，見仁義著稱的劉備一心殺之，看來陳宮的毛病是陷在只知不跟隨誰，卻不知道要跟隨誰的迷失。

陳宮與曹操相識故事頗具曲折，也成了京劇傳統著名的《捉放曹》一劇。初生之犢的曹操向司徒王允借得寶刀行刺董卓不成，機警改成獻刀，乘虛倉皇，騎馬落跑，被呂布識破後，董卓乃下令張貼畫像，通緝捉拿。曹操途經中牟，被縣令陳宮捕獲，陳宮感曹操之刺董壯舉，竟向曹操吐露「汝休小覷我，我非俗吏，奈未遇其主耳。」乃親解曹操其縛，扶之上坐，再拜曰「公真天下義士也！今感公忠義，願棄一官，從公而逃。」與曹操一同成了朝廷要犯，風聲鶴戾，兩人自然緊張兮兮，投宿曹操父之結義兄弟呂伯奢家時，曹操聞磨刀之聲，誤會對方殺豬招待的好意，錯殺了呂伯奢一家八口，陳宮怨「孟德心多，誤殺了好人。」待曹操再殺打酒而回的呂伯奢，說出「寧教我負天下人，休教天下人負我」，陳宮「知而故殺，大不義也」大不以為然，當夜尋思「我將謂曹操是好人，棄官跟他，原來是個狼心之徒。」由陳宮對曹操的認識，自始就有濃厚的「粉絲」情節，一旦顯露本性，殺呂伯奢的狠樣與陳宮原先期待曹操刺董的正義英雄的想像差距太大，讓陳宮「偶像破滅」，棄曹而去。

陳宮單飛後，陳宮因張超再投陳留太守張邈，正好呂布也來投，陳宮建議張邈：趁曹操東征徐州劉備，空虛之時，可用呂布取兗州。張邈從之也樂得先「試用」這兩人能耐。呂陳二人倒也合作愉快，呂布果然襲破兗州，據守濮陽。曹操聞「兗州有失，使吾無家可歸矣，不可不急圖之！」回師與呂布大戰，在濮陽城，陳宮派人計誘曹操，願為城中內應，曹操輕信，率先入城，呂布城上放起火來，幸賴典韋死戰，得保一命，曹操狼狽至手臂燒傷，連鬍子也燒掉。

在呂布的神勇擔綱下，陳宮初試啼聲，就讓曹操老家不保，甚至還差點死於濮陽大火。陳宮遇呂布，本身就是一個機遇巧合，加上一開始的軍事順利，兩人表面上看不失是有謀有勇的組合，但問題就在是以誰為主，劉備以諸葛為主而強，但呂布卻是剛愎有自己想法的人，因此，兩人馬上就顯現默契的不合。

呂布畢竟不比曹有容人的雅量，太過自負的結果，對陳宮「踩煞車」的建言，自不予重視，終將兗州與濮陽的本錢全輸光，又回到原點，逃至張超、張邈的定陶，曹操是不放窮寇，持續追殺，逼得張超自刎，張邈投袁術，陳宮與呂布先投袁紹不成，陳宮乃建議呂布改投徐州的劉備。

呂布與劉備初會，立即就挑動「一山不容二主」的敏感神經，劉備虛表願禮讓徐州，碰到不甘於人後的呂布，眼看假戲真作，關、張變臉之際，陳宮以「『強賓不壓主』，使君勿疑。」一暫冷卻火爆場面，也預告呂布伺機而動的狼虎之心，終於在劉備出征袁術，張飛守城，陳宮對布曰「小沛原非久居之地，今徐州既有可乘之隙，失此不取，悔之晚矣！」呂布乃終有徐州。袁術旦知呂布奪了劉備徐州，立刻許以呂布金帛糧馬，夾擊劉備，事後，袁術失信，呂布欲伐袁術，陳宮阻曰「不如請玄德還屯小沛，為我羽翼，他日令為先鋒，那時先取袁術，後取袁紹，可縱橫天下矣！」，袁術聞呂劉合好，立刻送上大米二十萬斛，還求秦晉之好。袁術的示好，陳宮最後終需選邊站，陳宮依據實力而非仁不仁的原則考量，自然是「棄劉保袁」，力促呂布與袁術結好，同時，張飛又因盜呂布馬匹生怨，玄德至呂布營中，願還馬匹，罷兵求和，陳宮「今不殺劉備，久後必為所害。」，劉備乃投曹操。從陳宮的靈活連橫於袁術、劉備之間的多謀，且從陳宮教呂布的恩將仇報，乘人之危取徐州，殺劉備合袁術，陳宮都是以現實利益而非仁義為重，看來也非忠義之士當為。

陳宮的戰略，就如荀攸所言「呂布驍勇，若更連結袁術，縱橫淮泗，急難圖矣。」但陳宮很快在呂布跟前遇到陳珪、陳登父子的抵制，陳宮一心棄曹就呂，這兩人卻是全心友好劉備，暗地打算棄呂就曹，不但阻止袁、呂的聯姻，且深得呂布信任，陳宮勸呂殺此二人，呂布反責陳宮汙衊好人，氣得陳宮「『忠言不入，吾輩必受殃矣』，意欲棄布他往，卻又不忍，又恐被嗤笑！」，心境既受奚落，想走又面子掛不住的窘態場面。

呂布的徐州終被陳登騙得一無所有，剩得孤城下邳，曹操城下溫情喊降，呂布本是投機主義者，回以「丞相且退，尚容商議」，陳宮見布動搖，想必此時陳宮心想：離開呂布，尚且怕人嘲笑，向曹操求饒或接受曹操招降，豈不更引人訕笑？陳宮心生一計，自城上一箭射下，正中曹操麾蓋，讓曹死心。照理沒了陳登，呂布應好好聽從陳宮言，陳宮一再獻計，以呂布屯兵城外，與下邳互為犄角，或奇襲許都，但呂布聽信妻子的話，放棄陳宮的策略。終被曹操水淹下邳全軍投降。

曹操特別在白門樓上，擺出大審的場面，曹操固然有證明陳宮當初選擇錯誤的炫耀，卻也有極深厚留戀陳宮的意思。成為階下囚的陳宮，一心求死，只能說當初棄曹略嫌衝動，跟了無才的呂布又變得太過認命，反曝露了他自相矛盾和言不由衷的迷惘，就算是個錯誤，至少，陳宮人生句點，完結還算漂亮，就是執著一死求個美名了。

【第四篇】

三國的奇人與異士

三國的醜男——龐統、張松

「離亂之時用兵爭強，固非一道，若固執常理，寸步不可行矣，宜從權變，湯武之道也，何負於信，今日不取，終被他人取耳！」

龐統議取西川

龐統（一七九年—二一四年）

三國時代，美男固多，如呂布、孫策、周瑜、諸葛亮、馬超，乃至「紫鬚碧眼」的混血型男孫權等，但以醜男特色出名者，則非龐統與張松莫屬。龐統所生尊容，按演義的形容：「濃眉掀鼻，黑面短髯，形容古怪」，而張松也不遑多讓，「生得額钁（音決；意鋤頭）頭尖，鼻偃齒露，身短不滿五尺，言語有若銅鐘」。

龐統與張松生為醜男，除老吃虧在第一

印象，被以貌取人外，際遇發展，也極其類似：兩人性格倨傲，應對上，常採高姿態，反客為主，增加仕途上的曲折；兩人主要事功也在同助劉備取西川上；最後，也都在西川的爭戰中死於非命。

龐統較張松，名氣自大得多了，統道號「鳳雛」，與「臥龍」諸葛亮齊名，所謂「臥龍、鳳雛得一可安天下。」這使龐統的動向與能耐讓人有極大的期待。龐統貴人當屬魯肅，魯首薦統予周瑜，周瑜再設計糊塗說客蔣幹結識龐統，經蔣幹推薦，龐統乃得見曹操，陪曹操閱水上大軍時，大拍馬屁「丞相用兵如此，雖孫、吳再生，穰苴復出，不過如此！」趁機獻上連環計，曹操大喜，許之「先生果能成大功，操奏聞天子，封為三公之列。」（這大概是龐統在工作求職中，惟一不受「外貌」挫折的一次）。

照理，龐統當隨周瑜為東吳與用，豈料，周瑜意外早死，有關接替周瑜人選，原本眾望所歸的魯肅，竟讓賢舉薦龐統予孫權。然而龐統的「外在」條件是怎麼也難稍讓此時仍深念周瑜外貌、風采的孫權，可睹人而思情的。面試一開始，孫權就以統「外貌古怪，不喜」。再問「公平生所學，以何為主？」龐統傲上而曰「不必拘執，隨機應變。」還「笑曰『吾之所學與公瑾大不同。』權平生最愛周瑜，見統輕之，心中愈不樂。」孫權乃謂統曰「公且退，待有用公之時，卻來相請。」將他打發了，魯肅隨後關切，「權曰『狂士，用之何益！』」。

吃了孫權的閉門羹，魯肅乃再薦統於玄德。龐統個性不改，既沒拿出徐庶、孔明、魯肅推薦書，加上不是「身長八尺、面如冠玉，飄飄然有出世神仙之慨！」劉備大欠「三顧茅廬」的熱情相待，兩人初見是「統見玄德，長揖不拜，玄德見統貌陋，心中亦不悅。」，劉備草草了事，勉強安排了個耒陽縣的縣宰，龐統這回稍事收斂，「勉強相辭而去」。

儘管王佐之材，還是得弄點心機，龐統遂「終日飲酒為樂，一應錢糧訟事，並不理會」，終於引起劉備注意，大怒，派張飛巡視，見了張飛，龐統見SHOWTIME的時候到了，好整以暇「量百里小縣，些小公事，將軍少坐，待我發落。」一干人等階下環跪，只見「統手中批判，口中發落，耳內聽詞，曲直分明，並無分毫差錯，民皆扣首拜伏，不到半日，將百餘日事，盡斷畢了！」，玄德方知「險失大賢」。

劉備應劉璋邀，入蜀拒曹操，當張松獻圖，建取「沃野千里，民殷國富」的益州，玄德曰「奈劉季玉同宗，不忍圖之」，張松「今若不取，著鞭在先，為他人所取，悔之晚矣！」，當玄德陷入了人生關鍵抉擇，却是龐統弱肉強食說的「現實主義」終於說服劉備放棄他的「仁義情節」，使劉備跳出理想與現實的拉扯，痛下決心奪取同宗劉璋基業。

當日席散，玄德獨坐沉吟，龐統進曰「事決而不決，愚人也，主公高明，何多疑耶？」玄德曰「今與吾水火相敵者，曹操也。操以急，吾以寬；操以暴，吾以仁；操以譎，吾以忠；

每與操反，事乃可成。若以一小利而失信義於天下，吾不忍也！」龐統笑曰「主公之言雖合天理，離亂之時用兵爭強，固非一道，若固執常理，寸步不可行矣，宜從權變，且『兼弱攻昧』、『逆取順守』，湯武之道也，何負於信，今日不取，終被他人取耳！」，玄德乃恍然曰「金石之言，當銘肺腑。」

龐統的舞臺，在跟隨劉備入蜀時上場。相較孔明的陰柔作風，龐統出手快、狠。劉備入川，劉璋領文武親迎，二劉初會，就現山雨欲來之勢。龐統看來根本是不願浪費一秒，立刻進行「斬首行動」：

統對備曰「莫若來日設宴，請季玉就席，主公擲盃為號，就筵上殺之，一擁入成都，刀不出鞘，弓不上弦，可坐而定也！」

接風洗塵雖沒搞成鴻門宴，總算在劉備打算回師荊州，以禦曹兵時，乘機要求劉璋助以「精兵三四萬，行糧十萬斛，不得有誤」，但日感這位同宗威脅的劉璋只許以「老弱軍四千，米一萬斛」，劉備氣得大罵「扯毀回書，大罵而起。（劉璋）使者逃回成都。」龐統為激起劉備與劉璋全面決裂曰「主公只以仁義為重，今日毀書發怒，前情盡棄矣！」劉備方下定決心，索性一不作，二不休，龐統立刻提出三計「上計，挑選精兵，晝夜兼道逕襲成都；中計，佯回荊州為名，殺楊懷、高沛，奪取關隘，然後卻向成都進攻；下計，退還白帝，連夜回荊州，徐圖進取。」劉備認為上計過急，下計又太緩，故依中計而行。

劉備終在龐統「翻臉」設計下，幹下「首次不行仁義」，破了他不取同宗基業的誠信招牌，斬了楊懷、高沛，奪取涪城後，再無形象包袱的劉備竟設宴慶祝，顧謂龐統「今日之會可為樂乎？」不知是不能適應劉備的快速「務實」成長，才教人「湯武之道」的龐統卻澆冷水「伐人之國而以為樂，非仁者之兵也。」玄德回曰「吾聞昔日武王伐紂，作樂象公，此亦非仁者之兵歟？汝言何不合道理？可速退。」竟將龐統趕出宴席，劉備「宜從權變」之快，可是青出於藍了。

在西川快刀斬亂麻的表現，龐統不免自起「龍鳳情節」，對孔明夜觀將星墜落的徵兆，作書關切他個人西川戰事之安危，卻度以「孔明怕我取了西川，成了功，故意將此書相阻耳！」這實在太過小心多慮了，龐統基本不脫是孔明【隆中對】的執行者，尤其，荊州只要劉備一日佔有，孫權是絕不善罷，且劉備也不具孫權具有江南本土在地的條件，西川已是劉備惟一得佔有之基業。龐統急於進取雒城，出發前，馬失前蹄，劉備讓出自己所騎白馬，龐統行至地名叫「落鳳坡」，大驚，急令退軍，卻被埋伏於此的張任認作「騎白馬」者是劉備，亂箭射死，龐統有如彗星般的劃空而去，結束在三國之角色。龐統的死其實是蜀災難的源頭，打亂了原本由龐統負責取益州，由諸葛亮，配置關羽、趙雲、張飛守衛荊州的部署，龐統的意外陣亡，劉備不得不先後急調諸葛亮、趙雲、張飛，入川輔佐，交由關羽接手防守荊州的重任，開啟一連串關、張、劉殞落的悲劇結局。

張松是劉璋手下，趁張魯欲併西川，出川爭取外援，卻暗畫西川四十一郡地圖，原先想獻給曹操，最後敲定劉備，差別不過劉備對張松的審美標準，比曹操低罷了。照理言，此人面醜，但一心賣主求榮，心更醜之。

滿懷希望，一腔熱情的張松，來到許都，卻正逢曹操剛打敗馬超，「傲睨得志」，看輕一切。「張松候了三日，方得通姓名，左右近侍先要賄賂」，張松心情想必已大壞，一旦得見，操不由分說，一陣排頭「汝主劉璋連年不進貢，何也？」松曰「路途艱難，賊寇竊發，不能通進？」，操叱曰「吾掃平四海有何盜賊？」松不甘示弱「南有孫權，西有劉備，北有張魯。」數落一遍，張松一張利嘴，搞得是話不投機半句多，加上曹操看龐統不醜，見松，卻「人物猥瑣，五分不喜，又聞言語頂撞，遂扶袖而起」，結果是不歡而散。

張松贏了口舌也就算了，不留餘地，在楊修面，又扯出曹操引以為傲〈孟德新書〉是剽竊之作，曹操知被抓包，只好「令扯碎其書燒之。」。隔日曹操為扳回顏面，乃於教場，布五萬虎衛雄兵，個個盔甲鮮明，衣袍燦爛，「松斜目視之。」還酸以「吾蜀中不見此兵革，但以仁義治人。」編年細數曹操敗績冷嘲熱諷，「濮陽遇呂布，宛城戰張繡，赤壁遇周郎，華容逢關羽，割鬚棄袍於潼關，奪船避箭於渭水，此皆天下無敵也！」氣得曹操「喝令左右推出斬之！」幸楊修與荀彧求情換得「亂棒打出。」一場獻土合作，變成個人口舌意氣的較量。

曹操以貌取人的不快遭遇，讓張松「我來時於劉璋前，開了大口，今日怏怏而回，須被蜀中人所笑」，決定再改投玄德，看來是非得把西川給賣了，否則誓不回蜀。劉備看待張松，完全不似龐統，不但不嫌醜陋，張松在曹操處沒得的禮遇，在劉備處全補回來，不但派趙雲領兵恭迎，還令關羽「灑掃驛庭，以待歇宿」，劉備則引諸葛亮、龐統親自來接。讓張松「人言劉玄德寬容愛客，今果如此！」便把四十一郡的地圖甘心獻了上去，助劉備不但對西川的山川險要、庫府錢糧了然在心，張松回川後，又轉入地下工作，聯合法正、孟達為劉備內應，劉璋不掉西川也難。張松之死，是松以為劉備要回荊州抗曹是真的，急忙寫信告知劉備不應撤退，該書被其兄張肅取得，連夜將書見劉璋，張松全家，盡斬於市。

劉備見龐統醜，曹不以為然，蓋龐統有「連環計」與「丞相用兵如此，雖孫、吳再生，穰苴復出，不過如此！」「正常的」應對。而曹以張松醜，劉不以為醜，蓋知張松乃是取西川之鑰也，是故有無「被利用價值」才是關鍵，美醜還在其次。

白目一族——彌衡、楊修

「腐儒舌劍，反自殺矣！」

曹操評彌衡

三國人物之中，有一族群，其共同特徵就是擁有一張不饒人的利嘴，雖學識淵博，博聞強記，但全用在嘴舌功夫上，且自負過頭，目空一切，一旦話不投機，決不委曲，打起口仗，不留人餘地，這般不識時務，盡逞口舌之快的「白目一族」，最後下場往往是身首異處。此族輩者，除前文原本要獻西川與曹操，卻盡揭曹操瘡疤，差點被推出問斬之張松，其他入圍者有——彌衡，這位仁兄在三國全場表現，像極了毫無理性的「神風特攻隊」，是逢人即罵，還嘴則貶，毫無「溝通協調」的人際EQ。另外，可資族類備載者，還有楊修，與彌衡罵曹操，尚有一絲「春秋大義」的快人快語，楊修則是忙於賣弄鋒芒，罔顧在上者「天威難測」心理，看破就算了，還要說破，不知內斂自重，可說是最不良的「職場倫理」示範。

彌衡之出場是曹操原本想叫孔融去勸降劉表，孔融卻改薦好友彌衡，誇讚彌之學品「目所一見，輒誦之口；耳所暫聞，不忘於心。忠果正直，志懷霜雪；見善若驚，嫉惡如齷。」由此可見，與孔融相善之彌衡，當是忠於漢室，愛恨極端個性，想見碰到曹操自難有好會。

曹、彌初會，就互看不順眼，言語不對盤，馬上交火「衡至，禮畢，操不命坐。衡仰嘆曰『天地雖闊，何無一人也？』」說實在，以曹操之高度，實不必陷入打這種「不對稱」戰爭，但自負文采的操，就是經不起別人言語挑撥，也愛與人口舌上一較高下，立刻將身邊文武人才——荀彧、郭嘉、張遼、許褚算是「機深智遠，勇不可當」，尚恰如其分的細數稱道一番。但遇到三國「第一利嘴」，尖酸刻薄的彌衡，全都宛如進入人力銀行，重新轉行就業：

> 「荀彧可使弔喪問疾，荀攸可使看墳守墓，程昱可使關門閉戶，郭嘉可使白詞念賦，張遼可使打鼓鳴金，可以牧牛放馬，樂進可使傳書送公文，于禁可以做水泥工，徐晃可使殺豬屠狗，夏侯惇做完體將軍，曹子孝稱為要錢太守，其餘皆是衣架！飯囊！酒桶！肉袋！」

操怒曰「汝有何能？」衡曰「天文地理無一不通，三教九流無一不曉，上可以致君為堯舜，下可以配德於孔顏，豈與俗子共論乎？」

曹操大概也是第一次見識到世上還有比他更狂妄的人，眼看第一回合，幾乎是被技術擊倒，乃以來日宴上，「吾正少一鼓吏，令彌衡充任」，打算羞辱彌衡，扳回面子，彌衡也不推辭。隔日大宴，依例，鼓吏奏前，必更新衣，老早豁出去，不顧形象的彌衡，開場先來個「裸體而立，渾身盡露，坐客掩面，衡乃徐徐著褌，顏色不變」，操加斥責，彌以「吾顯父母之形，以露清白之體」，操不知死活，竟說「誰為汙濁？」等於作球給彌衡，彌毫不遲疑上網殺回「汝不識賢愚，是眼濁；不讀詩書，是口濁；不納忠言，是耳濁；不通古今，是身濁；不容諸侯，是腹濁；常懷串篡逆，是心濁也」，一氣呵成，罵得操一無是處後，再不忘自擂「吾乃天下名士，用為鼓吏，是猶陽貨輕仲尼，臧昌毀孟子耳！」

眼看直落二，敗得潰不成軍，曹操乾脆叫人備了三匹馬，「令二人挾持而行，往荊州」，欲借劉表之手來殺掉彌衡，曹操並令文武列道相送，這群前日才遭彌衡逐一點名痛辱人等，集體以「不起身」，報復彌衡的前辱，結果慘遭二度言語傷害：「衡至，下馬，眾皆端坐，衡放聲大哭，荀彧問『何為而哭？』衡曰『行於死柩之中（暗指兩列人之端坐不動，有如死屍），如何不哭？』」被說是「死屍」的操之文武又以「鼠雀」回罵，彌衡罵得興起「吾乃鼠雀，尚有人性，汝等只可謂之蜾蟲。」，可謂語不傷人，死不休。

到了荊州，彌衡罵功不減，舉凡冷嘲、熱諷、譬喻招數全上。彌衡一見劉表「雖先頌德，實為譏諷」，劉表好歹是江南八俊，雖不喜，也不想得「害賢」之名，再轉手黃祖；黃祖以酒相待，方酣之時，黃祖不識相的問「似我如何？」彌衡答「汝似廟中之神，雖受祭祀，恨無靈驗！」毫無文化水平的顧慮，黃祖一怒之下，殺掉了彌衡，曹操得知後，笑彌衡「腐儒舌劍，反自殺矣！」

彌衡雖以「配德孔顏」自居，然孔顏之「願無伐善，無施勞。」，當不讚賞彌衡不管對象如何，出言必毀人名譽，傷人自尊之狂傲。就現代人際觀點來論，彌衡不是有精神「躁鬱」之嫌，大概就是有人際溝通障礙，知之甚深，身為好友的孔融竟薦彌衡於曹操，難免「我不殺伯仁，伯仁卻因我而死。」之過也！

曹操殺楊修的公開罪名是「造謠生事，蠱惑軍心」，但冰凍三尺，非一日之寒，其實曹操早有殺楊修之心。楊修之死其實是太愛炫耀自己的才華，這不打緊，但卻都是建立在曹操的「面子」有失之上，曹操在三國之中，雖是出了名的愛才，但楊修一而再，再而三的「恃才放曠」，不知適可而止，終自引殺身之禍，可是咎由自取。

楊修在《演義》第六十回〈張永年反難楊修〉出幕，才、貌形容如下：

「單眉細眼，貌白神清，博學能言，智識過人，是個舌辯之士。修亦自恃其才，小覷天下之士。」

楊修雖以才華見稱於世，但自演義表現上看，不過盡是文學詩辭、猜字與東宮大位的鬥爭之上，實看不出有什麼能力、智慧過人之處，與身旁荀彧、郭嘉、程昱等「謀士」級人物，相去甚遠，只能說有小聰明，是舞文弄墨有餘，輔國濟世不足。楊修主要出場在曹操與劉備爭奪、進取漢中之時，於見曹額娥碑上有評「黃絹幼婦，外孫虀臼」語，楊修搶先曹想出「黃絹，色絲，是『絕』也；幼婦，少女也，是『妙』；外孫，乃女之子也，是『好』；虀臼，受辛之器，是『辤』，故絕妙好辭。操大驚曰『正合孤意』」。不論是否正合孤意，但楊修之愛搶風頭，曹操雖口中嘉許，但心裏卻不喜。

曹操又曾叫人建造花園，他看了後不給評語，只在花園的門上寫一「活」字，楊修看了，「門內添『活』字，乃『闊』字也，丞相嫌園門闊耳。」竟不問曹操，擅自命人把門修窄。「又請操觀之。操雖稱美，心甚忌之。」

又一日，塞北送酥一盒，曹操收到，在盒上寫了「一合酥」，楊修見了，便叫人把整盒酥吃了，曹操問他為何這樣做，修答曰：「盒上明書『一人一口酥』，豈敢違丞相之命乎？」操雖喜而笑，心甚惡之。

如果楊修只在這雕蟲小技中，自得其樂，也就罷了，曹操頂多「心甚忌之、惡之。」尚能忍之。所謂「天威難測」，自古是上位者，必要維持的御下之術。但楊修變本加厲，介入了曹操的「內心」世界，還向人說破，簡直是不識大體，白目至極：

曹操恐人暗中謀害己身，常吩咐左右：「吾夢中好殺人，凡吾睡著，汝等切勿近前。」果然某日，操近侍於曹操睡時，被落地時，慌取被覆蓋，操躍起拔劍斬之，復上床睡，半晌而起，佯驚問：「何人殺吾近侍？」眾以實對，操痛哭，命厚葬之。人皆以為操果夢中殺人，唯修知其意，臨葬時指而歎曰：「丞相非在夢中，君乃在夢中耳。」操聞愈惡之。

不知適可而止的楊修介入曹丕與曹植的「世子」繼承鬥爭，這絕對是最惹曹操反感，而自「此時已有殺修之心」。曹操為了測試兩個兒子的才幹，便叫他們出城門，卻叫門吏不要放人出外，楊修教曹植，如有人敢阻擋，便斬殺他。曹植雖然成功出外，但曹操知是楊修所教，「操大怒，因此亦不喜植。」楊修曾經為曹植作了「『答教』十餘條」，當曹操每次以軍國大事問曹植，曹植都對答如流，曹操因而懷疑。其後，曹丕收買曹植的左右，偷那些「答教」來通知曹操。操見了，大怒曰：「匹夫安敢欺我耶！」曹操已有殺楊修之心。

楊修之死，終在曹操苦於進退不得漢中時，「適庖官進雞湯，操見碗中有雞肋，因而有感於懷。正沈吟間，夏侯惇入帳，稟請夜間口號，操隨口曰：『雞肋，雞肋。』惇傳令眾官，都稱『雞肋』」，楊修一聽，本能的猜字功夫，又難按耐，聯想「雞肋」的真正意義，「雞肋者，食之無肉，棄之有味。今進不能勝，退恐人笑，在此無益，不如早歸。來日，魏王必班師矣，故先收拾行裝，免得臨時慌亂。」竟又自以為是，叫士兵們收拾行李，準備班師，真是搞不清楚場合。這終於使操找到殺之藉口，以「造言，亂我軍心，喝刀斧手推出斬之，將首級號令於轅門外。」，否則日後不知還會惹出什麼麻煩。

楊修揣摩上意，搶盡鋒芒，不斷以消費自己老闆，成就自己的英明，不但得不到老闆肯定，反心生厭棄，且還自我感覺良好的行事作風，是聰明反被聰明誤，實不足為取也。

三國的說客——李恢、鄧芝

「和合二國，唯有鄧芝。」

孫權

三國人才輩出，其中說客一職，千鈞一髮，所憑者並非一張盡逞口舌之快的利嘴，而是能冷靜分析利害的口條，才能在危機倒數中，達兵不血刃，不戰而屈人之兵效。三國中，最典型專職的說客人物有李恢與鄧芝，前者說馬超來降劉備；後者則是劉備伐吳失敗去世後，奉命出使東吳談和，由於他的誠意和機警，很快地解除了吳、蜀間的敵意，使孫劉重修舊好結盟。

李、鄧兩人作為一個成功說客，都是自信飽滿，一見面就承認是說客，毫不掩飾，爭取主動，不似糊塗說客蔣幹，當全天下人都知道他是說客時，還抵死不認，為人所乘；另外就是洞悉利害，能就對方現實的利益分析，不打高空，不說教——如孟子見梁惠王，以「王何必曰利，亦有仁義而已矣！」推銷不符對方需求的產品。

最考驗說客之條件，還是深入虎穴下，身家性命全押在只有一次說話的機會，稍不中聽，性命不保，這也是為何諸葛亮雖舌戰江東群儒，只能說是談判代表而非說客，即因為享有性命無虞的保障，還可以連續激怒孫權、周瑜；這與李恢、鄧芝是被刀斧與油鍋在旁侍候，處高度緊綳，驚心動魄的氛圍，是完全不同。故除膽識過人，必須乾淨俐落，一語中的，動搖對手心防，才是不辱君命的出色說客。

李恢在《演義》第六十五回〈馬超大戰葭萌關〉出場。西川劉璋見劉備將奪其基業，悔不當初，乃求救於漢中張魯，才投靠張魯之馬超請纓上陣，領兵至西川葭萌關與張飛大戰，久攻不下，凡事拖久則生疑，諸葛亮行賄楊松向張魯進饞：馬超有自取西川為王的異心，馬超想撤回漢中，又被楊松汙以有取張魯代之企圖，弄得馬超進退不得，所謂窮寇莫追，劉備此時如以武相見，馬超必以死戰證明清白，此情景，正是說客出場的時候，諸葛亮乃曰「今馬超正在進退兩難之際，亮憑三寸不爛之舌，親往超寨，說馬超來降。」但因諸葛亮地位之重要，劉備不願冒險，乃由趙雲推薦之李恢上場。

大凡主弱客強的局面，說客的來訪，總有乘人之危的惡感，故馬超聞李恢前來，自無高興——「吾知李恢乃辯士，今必來說我。乃先喚二十刀斧手伏於帳下，囑曰令汝砍，即砍為肉醬！須臾，李恢昂然而入。馬超端坐帳中不動，叱李恢曰『汝來為何？』，李恢曰『特來作說客。』」

李恢抓住馬超對未來的充滿恐懼心理，其排場不過是半夜吹口哨的反應，不如採主動之勢，乾脆挑明就是說客，何必躲躲藏藏。

馬超恐以「吾匣中寶劍新磨。汝試言之。其言不通，便請試劍！」李恢笑曰「將軍之禍不遠矣！但恐新磨之劍，不能試吾之頭，將欲自試也！」但凡人心理都是將本身得失放在前頭，一旦聽到性命、利益將損，是怎麼都有願聞其詳的慣性。李恢充分利用人類天生自利的心理，直接了斷，把馬超「不知明天」的恐懼一語道盡：

「今將軍與曹操有殺父之讎，而隴西又有切齒之恨；前不能救劉璋而退荊州之兵，後不能制楊松而見張魯之面；目下四海難容，一身無主；若復有渭橋之敗，冀城之失，何面目見天下之人乎？」

說得馬超頓首謝曰「公言極善；但超無路可行。」李恢乃乘勢「劉皇叔禮賢下士，吾知其必成，故捨劉璋而歸之。公之尊人，昔年曾與皇叔約共討賊，公何不棄暗投明，以圖上報父讎，下立功名乎？」馬超大喜，即喚楊柏入，一劍斬之，將首級共恢一同上關來降玄德。李恢不說廢話，明白有力，從「特來作說客」的不避坦率，到「新劍先要試在你的頭上」的反將回擊，說得馬超毫無招架，完全掌握談判，是最具效率之典型說客。

至於鄧芝，劉備伐吳，蜀、吳失和，孫權面對新上的劉禪後主，資訊不明情形下；加上魏又遣使於吳，要求共同伐蜀，約定「若得蜀土，各分一半」。諸葛亮面對吳蜀戰後，三國勢力的重整，當務之急就是派人重新拉回孫權，恢復友好同盟。正在煩惱人選時，鄧芝面見諸葛亮說：「今主上幼弱，初在位，宜遣大使重申吳好。」諸葛亮答他說：「吾思之久矣，未得其人耳，今日始得之。」鄧芝問是誰人，諸葛亮說：「即使君也。」便派鄧芝到孫權處修好。

吳蜀仍在失和的戰爭狀態下，鄧芝到來，孫權慣例先將說客「歡迎儀式」一切準備妥當後——「先於殿前立一大鼎，貯油數百斤，下用炭燒，待其油沸，選身長面大武士一千人執刀在手。」，乃召鄧芝入，面對熱油正沸的油鍋與兩行武士各持鋼刀、大斧、長戟、短劍侍候，鄧芝「並無懼色，昂然而行，但微微而笑。」長揖不拜，大笑曰「人皆言東吳多賢，誰想懼一儒生！」，鄧芝借力使力，採強勢姿態開局，掌握發言權的取得；而明明大刑在目，孫權還睜眼說瞎「孤何懼爾一匹夫！」芝曰「既不懼鄧伯苗，何愁來說汝等也？吾乃蜀中一儒生，特為吳國利害而來。乃設兵陳鼎，以拒一使，何其局量之不能容物耶？」軟硬兼施，一如李恢，但凡攸關自身利益的言論，總會引得對方注意「孫權聞言惶愧，叱退武士，命芝上殿，賜坐而問『吳、魏之利害若何，願先生教我。』。」鄧芝也馬上正中孫權極欲解惑所在「大王欲與蜀和，還是欲與魏和？」，權曰「孤誠原與蜀和親，然恐蜀主幼弱，不能全始全終耳。」談話到此，鄧芝的鋪路已畢，提出了吳蜀合的雙贏分析：

芝曰「吳、蜀二國四州之地，大王命世之英，諸葛亮亦一時之傑也。蜀有重險之固，吳有三江之阻，合此二長，共為脣齒，進可併兼天下，退可鼎足而立，此理之自然也。大王今若委質於魏，魏必上望大王之入朝，下求太子之內侍，若不從命，則奉辭伐叛，蜀必順流見可而進，如此，江南之地非復大王之有也。」也就是鄧芝以吳、蜀合，成為脣齒，進可併力奪取天下，退可以鼎足而立。若委身向魏，則是稱臣納貢，不但要送子為質，若不遵從命令，還給人討伐叛亂名目，江南之地不再是大王所有了。孫權曰「君言是也。」便和魏斷絕關係，與蜀和好。

後蜀再次派鄧芝到東吳，孫權對鄧芝說：「若天下太平，二主分治，不亦樂乎！」照理，鄧芝對此大可公關客套的說些「和平共處，共創雙贏」的幾字箴言稱是一番，鄧芝卻是老實的回以：「夫天無二日，土無二王，如並魏之後，大王未深識天命者也，君各茂其德，臣各盡其忠，將提枹鼓，則戰爭方始耳。」也就是天無二日，民無二主，到時兩方要好好較量一番了！孫權大笑說：「君之誠款，乃當爾邪！」有人說「外交官有說謊的權利。」但鄧芝的真實、直率卻贏得了對手的尊重與信任，無怪孫權書信給諸葛亮說：「和合二國，只有鄧芝。」

三國的陰陽家——張魯、于吉、左慈

漢立國之初，盛行黃老，崇尚陰陽家五行之說，直到武帝，從董仲舒議，始罷黜百家，提倡儒家之忠君正統，標榜仁義禮俗。雖說自漢起，儒家思想獨定於一尊，但是陰陽家並未消失於民間信仰，至少從《演義》透露出三國時代仍彌漫陰陽五行思想的根深不退。影響所及，《三國演義》雖以儒家忠孝節義為主題中心，但陰陽家神鬼之術的情節，亦不絕於書，當大部讀者被現實世界曹操、劉備與關羽、張飛的表現吸引時，某種意義言，羅貫中筆下不時刻意出現的一些，低調、隱約，扮演超自然角色的陰陽道人，卻不停暗示所謂「神鬼之事，不可不信也」。

三國第一陰陽家，首推諸葛亮，除羽扇綸巾，身披鶴氅的裝扮，赤壁之戰，升七星壇，仗劍作法，借取東風；或步罡踏鬥之「祈讓」延壽、戰無不勝的八卦陣，不論在南蠻或北伐的戰爭上，羅貫中毫不避諱把孔明的神奇厲害建立在陰陽神鬼之術上，看來這不只是增加說書情節的精彩度，也似乎反應了羅貫中對陰陽家被政府以「怪力亂神」汙名打壓的同情，這可見於他以兩大道人于吉與左慈受現實人物孫策、曹操待遇的象徵手法：于、左皆是慈悲、修行得道之士，受民間崇拜，卻為孫策、曹操懷疑、妒嫉，不顧一切欲加殺害；另外，逢紛亂之世，陰陽家意識也傳達民間對神鬼敬畏及得道解脫的精神期待，這在羅貫中介紹張魯於漢中借陰陽家思想治國的政績時，與當時境外亂世相比，漢中真是桃花源了！

《演義》自第一回始，就以陰陽家的天啟徵兆開頁，暗示大亂將起。東漢自桓、靈當政，朝政日非，某日，靈帝早朝，突見一大青蛇從天而降，蟠於靈帝龍座及雌雞化雄，預言外戚及女子干政，亂事將起。而首先組織性起義者，正是陰陽家的張角，張角乃一不第的秀才（一千多年後，中國再度出了洪秀全），某日，遇見一碧眼童顏老人——南華老仙，授以天書三卷，張角自此能「書符念咒，呼風喚雨，散施符水，為人治病」，徒眾日多，漢靈帝時，張角太平道徒眾，遍佈青．徐．幽．冀．兗．豫．荊．揚八州，旁及并、雍，加以政治腐敗，聚眾愈多，即不起兵，懷璧其罪之下，朝廷也不會放過，張角乃轉而自立，「今民心已順，若不乘勢取天下，誠可惜也。」開啟東漢最大的內戰，藉此引出新一代曹操、劉備、孫堅父子英雄的造勢。劉備討黃巾時，也不乏類似電影「神鬼奇兵」的情節描寫，與張寶大戰，張寶作法「風雷大作，飛砂走石，黑氣漫天，滾滾人馬自天而下。」關、張即以灑豬羊狗血的陰陽作法，破解紙人草馬。而張角利用民間信仰的凝聚力，配合時政腐敗的起義模式，成為日後中國史上，常是打第一槍，首先發難造反的力量，且往往一發不可收拾，待清理差不多，國家也元氣耗盡，如元、明時代之白蓮教或清之洪秀全，都是改朝換代的一貫前兆。

張角雖企圖建立一「陰陽帝國」大夢破碎，但張魯卻在漢中，證明陰陽道術可行運用於政治之上的理想。張魯的五斗米道遍行巴蜀、漢中，在這與世隔絕的化外之地，張魯以陰陽家的理想貫徹於生活治理之上，建立政教合一政權，內容頗具烏托邦的實驗精神。

張魯在漢中自號「師君」，完全以神道治國，政治由「祭酒」者管理，人民學道為主，自稱「鬼卒」。張魯也實施中國最早政府固定辦理之社會福利救濟措施，境內廣蓋「義舍」，舍內備有食米、柴火、肉食，供人自取而食，但多取、浪費者則受「天誅」，教規上有「人若食用過量，鬼能使其生病」；對醫療病患則設置「靜室」，將病人「引入靜室，令其思過」，待病者自省思過、認錯後，「再為之祈禱，如此病可痊癒」，頗具西方告解式的心靈療法。國境內，禁止釀酒、春夏禁止殺牲，因為春夏正是自然萬物滋生繁榮的時候，如果春夏殺生，是逆時氣，不合天地的心意，合乎陰陽家一貫與自然共生，生態保育的永續觀念。每人犯法，可原諒三次，仍不改過，才給懲罰；有小過者，可以讓其自隱其過，只要修路百步，即可補過。張魯也就如此雄據漢中，管理了三十年，在動蕩戰亂的東漢末年，反倒是一片偏安樂土。

除張魯外，《演義》中，另具代表性的陰陽家有于吉，左慈，兩位道人。于吉出現《演義》第二十九回《小霸王怒斬于吉，碧眼兒坐領江東》。孫策因射獵落單，被許貢家客暗算而受傷，經華佗弟子療傷，本無性命之虞，傷勢已好大半，一日孫策設宴，會諸將於城樓上：

「見一道人，身披鶴氅，手攜藜杖，立於當道，百姓俱焚香伏道而拜。策怒曰『是何妖人？快與我擒來！』左右告曰『此人姓于，名吉，寓居東方，往來吳會，普施符水，救人萬病，無有不驗。當世呼為神仙，未可輕瀆。』。策曰『今若不誅，必為後患！』」

孫策僅為了一位修煉得道之人受民敬愛，而心生嫉妒，一意孤行要置于吉於死地；連孫策之母再三勸解「此人多曾醫人疾病，軍民敬仰，不可加害。」張昭亦諫曰「于道人在江東數十年，並無過犯，不可殺害。」愈增孫策妒意「此乃妖人，能以妖術惑衆，不可不除！」，將于吉一刀斬頭落地。只見一道青氣，投東北去了。孫策屈殺于吉後，當夜風雨交加，蒼天震怒，孫策常見于吉立於身邊，最後被于吉的陰魂不散糾纏至崩潰而死：

夫人見策形容憔悴，泣曰：兒失形矣！策即引鏡自照，果見形容十分瘦損，不覺大驚，顧左右曰：吾奈何憔悴至此耶！言未已，忽見于吉立於鏡中。策拍鏡大叫一聲，金瘡迸裂，昏絕於地。夫人令扶入臥內。須臾蘇醒，自歎曰：「吾不能複生矣！」

羅貫中將孫策最後的死聯結到陰陽道人于吉，自是虛構，其用意實是暗示陰陽道術乃民間固有思想，且多與人為善；孫策（官府）只因妒嫉、唯我獨尊的醋意而殺害了于吉，諷刺朝廷只因不喜陰陽家受民崇敬，出於恐懼，一味汙名壓抑陰陽家思想。羅貫中暗地為陰陽家出氣也有商業考量，畢竟，他話本說書的觀眾，極多是相信陰陽道術的中低平民階層。

同樣于吉例子，也象徵比喻在左慈與曹操的關係上，左慈於峨嵋山中學道三十年，石壁中得『遁甲天書』，從此精通奇門遁甲，能「騰雲駕風，飛入太虛，穿山透石，藏形變身，飛劍擲刀，取人首級」，功力不下於吉，如現代魔術師一般，戲弄曹操，曹操將左慈捉下拷打，卻全無痛楚；連禁七日，沒給飯吃，左慈無恙，還「面皮紅潤」。曹操不死心，與左慈要「龍肝、牡丹花、鱸魚」，左慈一一變出後，化成白鳩消失。曹操更堅定是妖邪的旁門左道，非要殺掉左慈，大肆搜捕，三日內，全城的人都變成了左慈，誰也無法分辨哪個是左慈，曹操下令盡皆斬之，「忽然狂風大作，所斬之屍，皆跳起來，手執其頭，曹操驚倒於地，驚而成疾。」

曹操與孫策皆自比「經世致用」的英雄人物，一見陰陽家者，就視怪力亂神，必痛下殺手，而不知自身的意識行為，先失常理。鬼神之事，心誠則靈，追根究底，反徒勞無功，加以人生本多無巧不成書的解釋，命理之事，還是寧可信其有，不可信其無，該是羅貫中在三國一書中的另一埋藏意義吧！

最可惜與可悲的降將——龐德、于禁

「于禁從孤三十年，何期臨危，反不如龐德也！」

曹操

《三國演義》中的龐德

歷史上，三國是繼春秋戰國之後，最求才若渴的時代。曹操在建安二十二年所下【求才令】，語云：「今天下或堪為將守，負汙辱之名，見笑之行，或不仁不孝，而有治國用兵之術，其各舉所知，勿有所遺。」其人才不擇雖到不顧「負汙辱之名，見笑之行，或不仁不孝」之標準，予人無法苟同，但至少反應一個事實，就是三國時代，是人才至上的導向市場，是故「忠臣不事二主」，「從一而終」的價值觀，是不被稱許或效法；所謂「君使臣以禮，則臣事君以忠」，良將棄昏君，擇明主而事，仍合乎春秋大義。

三國良臣、猛將，其中多有「換主」經驗，這也引出令人興趣的「降將」話題。就三國取材途經言，相較孫吳畫江東自保，利用廣開「會館」方式，多招納本土人力，魏、蜀的曹操、劉備，因為征戰多，除土地開拓，連帶使降將成了另大戰利取得：如曹操敗楊奉取徐晃，殺呂布得張遼，降劉表收文聘，破袁紹納張郃；劉備則自長沙郡守韓玄處取黃忠、魏延，馬超來自張魯，嚴顏得自西川劉璋，姜維也來自曹魏。

一般言，三國降將的產生，大皆被動，過程大抵：有懷才不遇，卻不忍棄之，只好屈身以待明主「親釋其縛」，終撥雲霧而見青天；稍起心動念者，則是「吾久欲投矣，恨無門路」，只要動之以利害，必「棄暗投明，共成大業」；至於積極主動，帶槍投靠獻城者，亦大所多有。就結局言，第三種賣主求榮之降將，如「反骨」魏延或蔡瑁、張允及劉封、孟達，往往下場悽慘。慣例，降將換主之後，當立刻自請先鋒，一來，表態效忠，二來，有地利、人和之作戰優勢；如沒陣亡（羅貫中常常將不上檯面的降將，趁此消化出局），除了改換服務陣營的初期，心理稍加不適，如黃忠之「託病不出」，或荊州淪陷於曹操，劉備逃命，文聘引軍擋住去路，劉備當場罵以「背主之賊，尚有何面目見人！」文聘因剛降曹，竟慚愧走開，大皆適應良好；加以武將以戰場作淘汰機制，降將只要真有本事立功，當不受變節之辱，不害歷史評價。以筆者看，在三國降將群中，最可惜者，就是龐德；最可悲，則是于禁。

龐德是馬超部屬，隨馬超投張魯。馬超為立功表態，自請去西川解救劉璋，龐德因病，無法隨行，留在漢中。結果，馬超反投了劉備，曹操降了張魯，也賺到龐德。曹操攻打漢中時，曹操連派張郃、夏侯淵、徐晃及許褚四將，以車輪戰方式與龐德戰，想「使其力乏，然後擒之」，但「龐德力戰四將，並無懼怯，且各將回營皆於操前誇龐德好武藝」。但龐德在出戰關羽前，仍然低調無名，因為西涼兵的鋒芒焦點，都聚在武藝超凡的馬超身上，就算武藝平平的馬岱名氣都大過他，讓人完全忽略馬超身旁有此能戰之將

龐德之令人驚豔，乃是三國唯一與關公交手，不但沒輸，還射傷其臂，佔盡優勢者。但叫人感到龐德是一流戰將特質者，卻是他毫不怯戰，未及交鋒，就讓人明顯感受龐德自信、殺氣及求勝饑渴的氣勢，龐德出征前，放話「吾料此去，當挫關某三十年之聲價。」豪氣萬丈，不見一絲的畏懼。

龐德不脫降將急於建功心態，這時機直待關羽一路打破襄陽，攻到樊城，曹操乃派跟隨他三十年的故舊于禁率領七軍，往援曹仁，點名先鋒人選，龐德見機不可失，奮然請纓，曹操大喜曰「關某威震華夏，未逢敵手，今遇令名，真勁敵也！」可見曹操也認同這位尚未表現的

降將龐德是步好棋。曹操基本上是「疑人不用，用人不疑」，但壞就壞在龐德跟了個老奸巨滑的于禁，愛搞「白色恐怖」，作事後的忠誠調查，先以其「故主馬超在蜀職居『五虎上將』，況其親兄龐柔亦在西川為官」，要求曹操換人，逼得龐德「免冠頓首，血流滿面」的發誓與兄「誓不相見，恩已斷矣」，至於馬超是「各事其主，舊義已絕。」于禁既碰了降將最敏感的忠誠問題，龐德決心不留一絲的懷疑，特訂製了一棺木「我若被關某所殺，汝等取吾屍置此櫬中，我若殺了關某，吾即取其首置此櫬內。」與關羽硬碰硬，以示無空回之理。

龐德與關羽一遭遇，雙方是迫不及待交手，百餘合，未分勝負。于禁畢竟是七軍主帥，但龐德過盛的企圖心造成與于禁的間隙，自出征的「抬櫬決死戰」，弄成一人主秀，成敗不在于禁的領導，而是龐德之勇，于禁心理自然不是滋味。于禁主張「謹守」戰略，卻被龐德白了「『大王命將軍為大將，何太弱也？吾來日與關某共決一死，決不退避！』」，禁不敢阻而回。」一守一戰之間的矛盾，變成了內鬥取代合作，果然來日龐德以拖刀計，射中關公左臂，「于禁見龐德射中關公，恐他成了大功，滅擠威風，故鳴金收軍」，于禁開始置個人利益高於國家利益。關公手傷不能動，高掛免戰牌，龐德累欲出兵，「于禁恐龐德成功，只把戒旨相推，不肯動兵。」，最後乾脆令龐德兵殿後，「使德不能進兵成功。」自領兵屯在江口邊之低地，適逢連日大雨不止，洪水暴漲，「一夜風雨大作，四面八方，大水驟至，七軍亂竄，隨波逐流者，不計其數」，被關與所乘，來個甕中捉鱉，于禁投降，只有「龐德與步卒五百人，皆無衣甲，立在堤上，見關公來，全無畏懼，奮然應戰。」從清晨戰到正午，只存龐德最後一人，終為周倉所獲。

關羽活捉主帥、先鋒，大勝開堂，于禁拜伏於地，竟以「上命差遣，身不由己」，乞降請命。龐德則是「寧死刀下，豈降汝耶！」關羽憐而斬之。曹操聞知自己的舊人，這位曾在自己口中是「任謗任勞，使反敗為勝，雖古之名將，何以加之！」者——張繡的宛城叛變，曹操得存活，除典韋外，另一功臣就是于禁穩定了局面——如今變成別人的降將，而自己所收的降將，竟能為己死節，無奈感嘆「于禁從孤三十年，何期臨危，反不如龐德也！」

于禁進讒掣肘，以龐德降將為恥，結果，自己竟然也加入了降將一族，後來關羽兵敗而亡，又轉手於孫權，作了最不堪的「二手降將」。曹丕稱帝，孫權將于禁以禮送回魏國示好，相較其父之「空盒」暗示荀彧自盡，曹丕之陰沉可見於于禁，曹丕外表雖好言安慰，心卻以于禁兵敗被擒，不能死節，既降敵而復歸，心鄙其為人，故令于禁治曹操陵事，禁奉命到彼，「只見陵屋中白粉壁上，圖畫關雲長水渰七軍擒獲于禁之事，畫雲長儼然上坐，龐德憤怒不屈，于禁拜伏於地，哀求乞命之狀。」原來曹丕，先令人將「水淹七軍」事，圖畫陵屋粉壁，故意使之往見以愧之。當下于禁見此畫像，又羞又惱，氣憤成病，不久而死。

龐德在樊城一役，大有擊敗關羽大軍，立不朽功業，成為三國最出色將才的時機，卻受制領導失誤，誠最可惜的降將；于禁看不起降將，卻經不起自己的標準檢驗，為苟活而一降關羽，再降孫權，最終屈辱而死，羞慚一世，誠最悲之降將也！

三國的神鬼戰士——典韋、許褚

「吾見惡戰者莫如許褚，真『虎癡』也！」

馬超

凡三國偉大出色與得人喜愛之將領，通常塑造得是有勇有謀，兼具力量與智慧形象。至於頭腦簡單，四肢發達者，結局十有八九被人用謀給算計，好的將領非得是熟讀兵書，謹慎周慮，否則就是有勇無謀了。這也是一般人有時推崇趙雲、黃忠更勝張飛與關羽。是故，羅貫中不時要安排一些張飛也能用計的場面——長阪橋時，以馬拖行樹枝，造成塵土飛揚，詐曹操以為有暗兵埋伏，性格中和的是粗中有細；關羽也能不靠蠻力，為龐德所傷時，卻能用謀水淹七軍，也是深恐陷關羽有不能用智的印象。

但三國卻另有一將領極端類型，此類武將特徵是虎背熊腰，力大無窮，是最原汁、原味的「神鬼戰士」風格，頗似希臘神話中的海克力斯（Hercules），其能耐雖不足以運籌帷幄，然一上戰場，腎上腺分泌旺盛，純粹是以勇、力征服敵人，惟其不屑用謀，故臨急難之時，方有不惜死的心態，也才能看到最真實的武士本色與戰場感人的袍澤之情；其次，這一類型人物心思單純，沒有被崇高而複雜的理想左右，一旦認定一主，絕不生二心，是最優質的終極保鑣類型部屬，要控制他們，只要依付最簡單的忠貞觀念，並在物質上厚待即可。三國中可資道者，也只有曹操身邊之典韋與許褚具備「有神力、忠貞、不惜死」，這些最極端標準。

曹操用兵自負大膽的風格，一生中，雖掃蕩群雄，破敵無數，但被敵軍追打得落荒而逃，性命不保的次數也多，如張松所細數之「濮陽遇呂布，宛城戰張繡，赤壁遇周郎，華容逢關羽，割鬚棄袍於潼關，奪船避箭於渭水，此皆天下無敵也！」這些原本應是曹操劫數難逃的戰役，其中之濮陽、宛城兩次大難中，正是典韋救回了曹操的性命，潼關、渭水兩役則是許褚。也只有如典韋、許褚這類不將生死當一回事的「神鬼力士」，而非機謀深遠者，在此千鈞一髮，一命抵一命之際，敢挺身而出，展現一名武士最極至的原始戰力，以解危難。

典韋是夏侯惇打獵之時，看到他竟能「逐虎過澗，必有勇力」，就是一般人看到老虎都是被追的，但典韋卻是追老虎，乃推薦於曹操；除力量過人外，典韋還有的就是天不怕，地不怕的氣勢，「他為友報讎殺人，提頭直出鬧市，數百人不敢近。」這與關羽殺人，卻要背景離鄉「走路」相比，真是高調囂張。典韋善使武器是兩支鐵戟，重八十斤，初見曹操，典韋應要求小試，正在馬上比劃，運使如飛時，「忽見帳下大旗為風所吹，眾軍士挾持不定」，典韋加碼露了一手「力士」功夫，只見「典韋下馬，喝退眾軍，一手執定旗竿，立於風中，巍然不動。」，曹操更加喜愛，比之「此古之惡來（商紂時猛力之臣）也！」

典韋的神乎其技，在濮陽一戰成名。呂布勢大佔了兗州，曹操急欲收復，在濮陽城中，劫寨不成，被呂布八員部將包抄，一路痛打追殺，「箭如驟雨飛來，曹操無計可脫，大叫『誰來救我！』」，只見典韋一人下馬，放下雙戟，「取短戟十數支，挾在手中」，並喊「賊來十步乃呼我！」，說完，便一人冒箭，往曹操處跑去，呂布十數軍士緊跟追殺，只見從人大叫「十步矣！」，為賺取時間，典韋「五步乃呼我！」從人曰「五步矣！」典韋立刻轉身，將全部追軍，一次了結，以戟刺下馬來，救出曹操。

曹操攻張繡於宛城，張繡聽賈詡的建議，歸附曹操，曹操在宛城置酒高會，「太祖（曹操）行酒，韋持大斧立後，刃徑尺，太祖所至之前，韋輒舉斧目之。竟酒，繡及其將帥莫敢仰視。」，典韋面容、氣勢之凶險由此可見。曹操一時得意，酒醉後，竟性起「召妓」，姪子曹安民選錯對象，竟安排張繡的兄嫂，惹火了張繡，決定反叛刺殺曹操，首先擺平就是「讓人害怕至不敢看一眼」的典韋，乃將典韋灌醉而歸，再偷盜其戟後，城中放火舉事，典韋驚醒，不見了雙戟，在身無片甲下，只好隨手拿把步卒的腰刀，就衝進馬、步軍中，夾在「兩邊鎗如葦列」的鎗窩裏，上下中數十鎗，仍奮力砍死二十餘人，刀砍壞，典韋力大，以人代戟，「雙手提兩個軍人迎敵」，也擊死八、九人。典韋的戰力，讓敵人不敢靠近，「只遠遠以箭射之，箭如驟雨。韋猶死拒寨門。」一直到寨後敵軍衝進來，典韋背中一鎗，才不支倒下，「大叫數聲，血流滿地而死」，由於場面太過震撼，「死了半響，還無一人敢從前門而入。」也因典韋的擋住寨門，曹操才得從寨後，上馬逃奔。曹操因一時亂性下，所付代價之慘重，長子曹昂被亂箭射死，姪子曹安民被砍成肉泥，但最感傷則是典韋，曹操曰「吾折長子、愛姪，俱無深痛，獨號泣典韋也！」

典韋兩次救下了曹操性命，但也犧牲了自己，曹操當然感受最深，他身邊決少不得典韋這類「終極保鑣」隨侍在側。待典韋死，第二任「侍衛長」的接班人，乃落到曹喻為「吾之樊噲也！」的許褚身上，所掌「虎衛軍」是曹操最貼身的軍隊。許褚初遇曹，誤為黃巾賊，但類似典韋的外貌、體型與勇力，曹操一見就有豢養留用之意，乃命典韋一面比試，一面略施小計，挖個洞，許褚就連人帶馬掉進去，曹操再「親釋其縛，急取衣衣之」，許褚感恩隨曹。許褚「身長八尺，腰大十圍，手提大刀。」與典韋之「追老虎」勇力，許褚不遑多讓，許曾與賊約定用牛換糧，牛卻認主奔還，許褚只好「雙手掣二牛尾，倒行百餘步」，一手抓一牛，倒拉回去，嚇得賊不敢要牛。

馬超為報曹操殺父之仇興兵，曹操因太輕忽西涼馬兵之快，在渭河口被馬超突襲，船離岸一丈有餘，生死一線間，許褚背負曹操一躍上船，馬超下令以箭沿河射之，船上駕舟之人全被射死，「曹操伏在許褚腳邊，其船反撐不定，於急水中旋轉，許褚將兩腿夾舵，一手使篙撐船，一手舉鞍遮護曹操。」許褚非凡的表現，讓高傲之馬超都想一睹威儀，出營與操相見時，見操後一人圓睜怪眼，手提鋼刀，超即疑是許褚，而問「聞汝軍中有虎侯，安在哉？」待見許褚「目射神光，威風抖擻，超不敢動，勒馬而回」。隔日，馬超終於見識到許褚一如典韋至死方休的神鬼戰士風格，鬥了一百回，勝負不分，許褚不願作罷，從換馬到赤體提刀大戰，馬超打到手軟，曰「吾見惡戰者莫如許褚，真『虎癡』也！」許褚從此以『虎癡』之名，為天下稱道。

與典韋較，許褚卻是更具專業，心思，由以下這件事可見：

「曹仁自荊州來朝謁，曹操未出，入與褚相見於殿外。仁呼褚入便坐語，褚曰：『王將出。』便還入殿，仁意恨之。或以責褚曰：『曹仁宗室重臣，降意呼君，君何故辭？』褚曰：『彼雖親重，外藩也。褚備內臣，眾談足矣，入室何私乎？』曹操聞，愈愛待之」

也就是曹仁從荊州趕來朝謁，曹操尚未出來，曹仁在殿外遇見許褚，邀他去旁邊偏室坐下交談。許褚只說了一句「魏王快出來了」，便轉身返回殿內，招致曹仁記恨。有人問許褚：「征南將軍曹仁是宗室重臣，屈尊找你說話，你為什麼要推辭？」許褚回答：「他雖然是親族重臣，但卻是鎮守外藩之將。而我許褚是負責內部守備的，我們要說話在公開場所就可以了，何必到私下說。曹操知道後，更加信任。

曹操之愛護許褚，也從曹操命許褚去漢中押運糧草，結果許褚喝得爛醉，不但丟了糧草，還被張飛刺了一矛，曹操不予問罪。在官渡戰，一向說話自負傷人的許攸，曹操尚有「子遠與吾舊交，相戲耳！」的雅量，但同樣的口氣對上許褚，許褚才不買帳，砍下許攸的腦袋，來見曹操，操見殺了他攻破袁紹的大功臣，亦只深責之而已。

蓋曹操是一世之奸雄，恨至極欲殺之者眾，而操當知有智有謀之人，亦必惜死，唯典韋與許褚才是自身臨難之時，願意捨命跳出，可比「專諸、豫讓」的死士，雖以最親信愛之，卻也以鷹犬視之，當犧牲時，也絕不恤其命，然此又何嘗不是有勇欠謀之士的宿命嗎？

奪嫡的失敗者——曹植、劉琦

「煮豆燃豆萁，豆在釜中泣。本是同根生，相煎何太急？」

曹植

曹植的肖像，顧愷之《洛神賦圖》

政治繼承中的「奪嫡」大戲，一直是中國歷代不缺的戲碼，影響重則是興衰轉捩，輕也要弄到手足相殘。雖說繼承已有「長幼有序」規則所循，就三國來看，袁紹、劉表，都深受其擾，即便聰明才高如曹操、孫權也同難倖免，可見問題不在君主賢不賢，而是天下無不偏心的父母。

曹植與劉琦兩人性格，基本都是非一國之君的人選，曹植是三子身份，強執於大位爭取，反扭曲了自己的人生，浪費了才華。至於劉琦以長子身份，該得而未得，卻認份以待，保命為先。只能說凡事自有天時，人為強取不得。

曹植極富才華，深植民間印象，莫過他廣為流傳的七步成詩典故，描寫了他在曹丕不顧手足，非置之於死地下的無助與弱勢，博取後人無限同情及支持。曹植早在他十七歲時，就展現了提筆能文的這般功力。曹操建了一個銅雀臺，叫兒子們登臺作賦，曹植不假思索，提筆揮就而成《銅雀台賦》，當場交卷。曹植文筆實在太快又好，連曹操都懷疑是不是請人捉刀，而問「汝倩人耶？」，曹植答道「言出為論，下筆成文，願當面試，奈何倩人！」這種天才詩人，南朝詩人宋謝靈運評價曹植「天下才有一石，子建（植）獨得八斗」，「才高八斗」即此來由。

卞氏為曹操生下四子，長子為曹丕，曹植雖為三子，卻最得曹操寵愛，曹操受封魏王，打算立植為世子，但長幼有序，曹植身為三子，乏正當性，故曹操試曹丕、曹植二人才幹，叫二人出鄴城門，卻密咐門吏，令勿放出，曹丕見阻，只好退回；楊修教曹植，見吏可說「吾奉王命而出，誰敢阻擋」，曹植成功出外。楊修另為曹植作了「『答教』十餘條」，曹操每以軍國的事問曹植，曹植都對答如流，曹操因而懷疑，不久發現曹植身後竟有「輔選團隊」如楊修、丁廙之流等的策劃與慫恿，從事「奪嫡」大業，犯了「逼宮」野心忌諱，「操大怒，因此亦不喜植。」」，曹操最後求諸賈詡意見，賈詡佯以正有所思，故聞而不答，曹問所思，賈詡以「正思袁本初與劉景升父子也！」曹操熟讀歷史，深知自古「廢長立幼，取禍之道」，為免夜長夢多，徹底打消了廢長的念頭，立曹丕為世子。

曹植是天生的文人，性情放浪形駭，飲酒不節，屢犯法紀，如有自知之明，就當知道根本不適一國之君的政治工作。如就此作罷，專心朝文學發展，命運成就必大有不同，也不致浪費了自己的才華。問題就在曹丕確定立為世子後，一國不容二主，曹植不但沒有當機立斷解散這個團隊的念頭，反而放任野心朋黨推波作浪，等於有背地要「政變」的意圖，是玩火上身。

曹操臨死遺言「孤平生所愛第三子植，為人虛華少誠實，嗜酒放縱，因此不立。惟長子曹丕篤厚恭謹，可繼我業。」曹操死後，曹丕繼位魏王和丞相，曹植竟不奔喪，曹丕遣使問罪，使至，只見曹植與丁廙、丁儀三人「酣飲」，曹植「端坐不動」，不理來使，任丁儀大罵：「昔者先王本欲立吾主為世子，被讒臣所阻，今王喪未遠，便問罪於骨肉，何也？」丁儀罵完，丁廙又曰「據吾主聰明冠世，自當承嗣大位，今反不得立，汝那廟堂臣何不識人才若此！」兩人大發「帝王夢碎」的牢騷，曹植心有戚戚，一怒之下竟「叱武士將使者亂棒打出。」曹丕見曹植，還有「奪位」之心，大怒，乃立派許褚率三千虎衛軍到臨淄，逕到曹植府堂，「只見曹植與丁廙、丁儀等盡皆醉倒。」押回鄴城，曹丕乘此時機，先斬丁廙、丁儀，本想連曹植都一併殺害，幸虧七步成詩與母親卞氏求情，保住一命，貶為安鄉侯。

曹植由曹操所評為人「虛華少誠實，嗜酒放縱」，即母也評其「嗜酒疎狂，恃才放縱」，可見就不是個國君的料，硬作「太子」大夢，雖是誤交損友，自存非份之想才是主因。待曹丕死，曹叡即位，曹植有意復出，但「奪嫡」的形象已讓他是「素有壯志，一朝得嚐夙願，恐難為臣。」，曹叡乃打消重用曹植的念頭，曹植履遭貶遷，抑鬱而終，死時才四十一歲。

相較曹植的奪嫡，劉琦則是荊州牧劉表之長子，照理本應世子，性格無能柔弱，但識時務，保命重要，不敢肖想大位，投靠劉備與諸葛亮之下，是甘心情願為棋子之用。

劉表初以劉琦長相類己，甚愛之，後娶妻蔡氏生劉琮，劉表在妻子與妻弟蔡瑁的壓力下，陷入取捨，對來投的劉備吐露心事：

「長子琦，為人雖賢，而柔懦不足立大事；後妻蔡氏所生少子琮，頗聰明。吾欲廢長立幼，恐礙於禮法；欲立長子，爭耐蔡族中，皆掌軍務，因此委決不下。」。玄德曰「廢長立幼，取亂之道。不可溺愛而立少子也。」

劉備的善意，對性命只在旦夕的劉琦，是惟一的所依；而劉備與諸葛亮則是極需引劉琦為用，共同對抗蔡氏。劉琦向劉備求救時，諸葛亮堅以「『疎不間親』，與人骨肉之事，倘有洩露，為害不淺。」劉琦從劉備計，以「古書」誘諸葛亮，共升高樓，再推去樓梯，謂亮曰：「今日上不至天，下不至地，言出子口而入吾耳，可以言未？」諸葛亮曰：「君不見申生在內而危，重耳居外而安乎？」，要劉琦爭取才為孫權所殺黃祖留下的空位，劉琦也因避守江夏，雖失大位，而遠離殺機。劉表死，劉琮取得荊州之主，位子沒坐熱，就轉獻曹操，仍逃不過毒手，被曹殺害。

赤壁戰後，荊州成了孫、劉的爭執所在，劉備早表琦為荊州刺史，魯肅來要索荊州，怎麼也沒想到諸葛亮搬出「景升雖亡，其子尚在以叔（備）輔姪，而取荊州有何不可？」，只見兩人從屏風後扶出劉琦，劉琦一夜之間，身價水漲船高，但見劉琦一付「過於酒色，病入膏肓，面色羸瘦，氣喘嘔血」，魯肅默料「不過半年其人必死。」乃與諸葛亮達成「若劉琦死，須將荊州歸還。」的約定，果然，劉琦莅年即死。

曹植以才華自負，嗜酒放縱，一味於政治大夢，反成了政客朋黨私心自用的棋子。劉琦雖無曹植天才，更耽溺酒色，但反能以常識判斷，性命為重，何況當時荊州情勢危急，當上州牧也有如當上鐵達尼船長，當然，劉琦遇上劉備怎麼樣也比曹植遇到楊修等強多了！

超國界的友誼——羊祜、陸抗

「彼專以德，我專以暴，是彼將不戰而服我也。」

陸抗

大三國時代，雖說盡是充斥政治人物的爾虞我詐；戰場上，水火無情，更只見你死我活，不見你儂我儂。但同樣地，三國也是英雄崇拜的時代，即便是敵對政營，人與人也能跨越政治的利益；英雄相惜下，所生的友誼與義氣，亦不下同袍之愛。如魯肅之於孔明——自孔明激怒孫權赤壁抗曹，以至「瑜亮」相爭，周瑜欲見害孔明的「草船借箭」，讀者當充分體會魯肅為孔明擔心害怕的著急心情；荊州歸還的談判，也是魯肅一再的顧及孔明之友情，才再三退讓，魯肅顯見已將個人友誼置乎國家利益之上了，連孫權都覺得魯肅「惟勸吾借荊州與劉備，是其一短！」，認為有虧職守。

另外，關羽和張遼也有一段跨越敵對陣營的深厚友誼。呂布攻打沛城的劉備，張遼奉命攻打鎮守西門的關羽，關羽見張遼，而說：「『公儀表非俗，何故失身於賊。』張遼低頭不語，關羽知此人有忠義之氣，更不以惡言相加，亦不出戰。張遼引兵退至東門。」關羽一語道出張遼跟隨呂布之無奈，張遼感動之下，竟有「不戰」的默契，避至東門。呂布被操敗後，關羽再見張遼時，張遼竟是白門樓上的階下囚了，曹操連斬高順、陳宮、呂布之後，正舉劍要斬張遼時，只見威武高傲的關公跪求曹操刀下留人，以性命為張遼擔保，「玄德攀住臂胳，雲長跪於面前。雲長曰『關某素知文遠忠義之士，願以性命保之。』」關羽向來自視甚高，除劉備張飛外，張遼應是他最服氣的人，是故當關羽困在土山之時，曹操正看中張遼與關羽不比一般的交情，才派張遼說得關羽來降，換作別人，恐得到就是「來日一決死戰。」的回復。不知是否曹操也因這一層關係，日後，張遼全不介入蜀的戰事，專事東吳作戰，在逍遙津與濡須塢兩度殺得孫權與東吳小兒聞張遼大名不敢夜哭，成了東吳的剋星。關羽北伐，被呂蒙斷了荊州後路，魏軍反攻，關羽遇到的就不是張遼，而是徐晃，兩人相對，雲長以為「吾與公明交契深厚，非比他人，……」徐晃亦曰「自別君侯，倏忽數載，多蒙教誨，感謝不忘……」一旦招呼問候打完後，面對這位昔日斬顏良文醜時，有兩度救命之恩的老友，徐晃可是一碼歸一碼，晃曰「今日國家之事，某不敢以私害公。」晃回顧眾將，厲聲大叫曰「取雲長首級者，重賞千金。」雖也是故舊，徐晃對關公可是絕不放水，照樣追殺。

因此，三國戰場雖不脫人性，但私誼與公事的那條紅綫不是不及就是太過，不論是寬仁長者魯肅或忠義之士張遼都會感情用事，關羽在華容道也會放了曹操。三國史上只見魏國羊祜與吳國陸抗一段既感性又理性友誼，兼顧情理及國法，是相當難得的溫馨佳話。

吳主孫休死，孫皓立，原以為賢，一旦上位，還是不脫吳歷代君主暴力傾向遺傳，凶殘日甚，酷溺酒色，加以奢侈無度，公私匱乏。見蜀滅，竟不自量力，要為漢主復仇，於是令陸抗領兵攻取襄陽。晉主司馬炎聞是陸抗，乃宣諭羊祜鎮守襄陽。羊祜知對手陸抗有不下其父陸遜之能耐，「此人足智多謀，我等只可自守；候其內有變，方可圖取。若不審時勢而輕進，此取敗之道也。」打定守土不出，期間，羊祜不擾民，化兵為農，用以墾田，使初到時，軍無百日之糧，及至來年，軍中有十年之積。羊祜親民隨和，平常著輕裘，不披鎧甲，帳前侍衛者不過十餘人。

羊祜完全一派不求戰的懷柔作風，連打獵，也不越界，如果發現所獵禽獸，是先被吳人射傷者，皆送還陸抗。陸抗知道，也以親釀好酒，禮尚往來回贈。羊祜見使者帶回陸抗所贈的酒，不顧部將勸阻，當場打開酒壺取出飲用。羊祜笑道「『抗非毒人者也，不必疑慮。』竟傾壺飲之。自是使人通問，常相往來。」之後，兩人常相互問候，兩國邊界無肅殺之氣。

羊祜知道陸抗生病，羊祜乃曰「料彼之病，與我相同。吾已合成熟藥在此，可送與服之。」來人持藥回見抗，陸抗也不疑加以服用，第二天病便好了，眾將領都表示祝賀。陸抗雖感激於羊祜的關懷，卻曰：「彼專以德，我專以暴，是彼將不戰而服我也。今宜各保疆界而已，無求細利。」羊祜以暖陽而非寒風，迅速融化敵意，而陸抗之知己知彼，攻魏乃勞師動眾，用兵不如守成。

陸抗與羊祜在襄陽的互動，很快傳到吳主孫皓耳裏，乃要陸抗「作急進兵，勿使晉人先入。」陸抗乃疏章上奏「備言晉未可伐之狀，且勸吳主修德慎罰，以安內為念，不當以黷武為事。」吳主覽畢，大怒曰：「朕聞抗在邊境與敵人相通，今果然矣！」遂遣使罷其兵權，降為司馬。卻說羊祜聞陸抗被罷，孫皓失德，見吳有可乘之機，乃作表遣人往洛陽請伐吳，羊祜不久也退休，由所舉薦之杜預及王濬，兩路伐吳，中國再度一統。

陸抗與羊祜，棋鼓相當，卻毫無爭鋒較勁意味，反而以英雄相惜，互相欣賞方式，看待對方，卻也兼顧國家利益，選擇另一種軟實力的『交戰』方式，兩人以酒食相贈，醫藥的關懷，讓對方相互瞭解：戰爭不是目前的最好選擇。差異只在陸抗其主孫皓不明，結果以私通看待，只是不知陸抗的見疑下台，是不是羊祜也早已計畫的一部份。

【年表】三國歷史大事

一八四　黃巾之亂發起。

一八九　袁紹引兵入宮，誅殺宦官。

董卓廢少帝劉辯為弘農王，立九歲的陳留王劉協為帝，是為獻帝。

曹操號召各鎮諸侯共起討伐董卓。

一九〇　董卓令李儒毒死弘農王（少帝）卒年十五歲。

董卓焚洛陽，遷都長安。

一九一　袁紹奪州牧韓馥的冀州，自領州牧。

一九二　孫堅戰死，兒子孫策繼承其位王允誅董卓。

曹操擊敗青州黃巾軍，收編為「青州兵」，實力得以壯大。

孫堅攻擊劉表，戰死。

一九三　曹操東征徐州，大敗陶謙。
一九四　呂布攻擊曹操，取兗州。
　　　　陶謙病亡，劉備領徐州牧。
一九五　曹操領兗州牧。孫策攻打江東，大敗劉繇。
　　　　李傕、郭汜爭奪獻帝。
一九六　曹操迎獻帝於許昌。
　　　　呂布占徐州，劉備投曹操。
　　　　曹操始興屯田，將獻帝劫持到許。
一九七　袁術稱帝。
一九八　曹操水淹呂布，呂布、陳宮、高順被殺，張遼降曹。
一九九　張繡投降曹操。
　　　　董承與王子服等密謀除曹操。
　　　　劉備討伐袁術，袁術病死。
二〇〇　曹操誅殺董承。
　　　　孫策遇刺身亡，孫權繼位。

陳琳撰寫討曹檄文，官渡之戰開始，曹操偷襲烏巢。

二〇一　曹操敗袁紹於倉亭。

劉備投奔劉表。

二〇二　袁紹死。

二〇三　孫權打敗江夏黃祖。

二〇四　曹操平定冀州。遼東公孫度死，子公孫康繼位。

二〇五　曹操平定青州。

二〇六　曹操平定並州。

二〇七　曹操大破烏桓，消滅袁氏殘餘勢力，統一了北方。

劉備三顧茅廬。諸葛亮提隆中對策。

二〇八　劉表病死。曹操殺孔融。

赤壁之戰，曹操被孫劉聯軍打敗，三國鼎立。

二〇九　劉備與孫權之妹成親。

周瑜亡。

二一〇　孫權借荊州給劉備。
周瑜圖取蜀，未行，病死。
曹操建成銅雀臺。
二一一　曹操攻破馬超。
二一二　劉備入川。
孫權移治秣陵，改名建業。
二一三　漢獻帝封曹操為魏公，加九錫。
二一四　孫權進攻合肥，被張遼擊敗。
獻帝、伏后與國丈伏完密謀除曹操，事泄，曹操誅殺眾人。
劉璋投降劉備，劉備自領益州牧。
二一五　曹操征張魯，取漢中。
張遼威震逍遙津、濡須打敗孫權。
二一六　曹操稱魏王。
二一七　曹操進攻濡須口，孫權敗。
二一八　曹彰大破烏桓軍，鮮卑部落投降，北方平定。

二一九　劉備進位漢中王。
關羽水淹七軍。
關羽失荊州，被孫權殺害。
二二〇　曹操病死，時年六十六歲。
曹丕廢獻帝，自立魏國，定都洛陽。東漢亡。
二二一　劉備稱帝於成都，建立蜀（史稱蜀漢）。
張飛被部下殺害。
劉備率大軍東進伐吳。
二二二　孫權自稱吳王。
猇亭之戰，吳將陸遜敗蜀，劉備敗遁白帝城。
二二三　劉備病死，時年六十三歲。
劉禪繼位，年十七歲，諸葛亮輔政。
諸葛亮派鄧芝與孫吳重修合好，孫權決定聯蜀拒魏。
二二五　諸葛亮南征，七擒七縱孟獲。
二二六　曹丕逝世（享年四十歲），曹叡即位（年二十三歲）。

二二七　諸葛亮首次出師漢中，北伐魏國。
諸葛亮欲第一次北伐，上書前出師表。
孟達欲反曹魏，司馬懿所擒。

二二八　諸葛亮第一次北伐。
姜維降蜀。
馬謖失街亭。
諸葛亮二次北伐，魏延斬魏將王雙。
劉禪恢復孔明丞相之位。

二二九　諸葛亮第三次北伐。
孫權即帝。

二三〇　曹叡命大軍征蜀，因大雨路斷，加上群臣反對，中途班師。

二三一　諸葛亮第四次北伐，司馬懿堅守拒戰。
孔明嘲笑司馬懿懦弱。

二三四　諸葛亮第五次北伐。
諸葛亮病沒於五丈原。

魏延被馬岱追殺於漢中。

二三八 司馬懿斬殺公孫淵，平定遼東。

二三九 曹叡託孤於司馬懿和曹爽後，病逝。

曹芳繼位（年僅八歲）。

二四一 鄧艾在淮河地區開水利、屯田。

管寧逝世（享年八十四歲）。

二四二 孫權派軍攻打海南島。

二四四 曹爽派兵攻打蜀漢不利，傷亡慘重。

二四五 孫吳皇子孫和、孫霸爭權激烈，陸遜被牽連到太子之爭，憂憤而死，享年六十三歲。

二四七 曹爽擅權，司馬懿稱病退休。

二四九 司馬懿政變，誅曹爽三族。

司馬氏開始掌控曹魏大權。

夏侯霸投奔蜀國。

二五〇 權廢太子孫和，令孫霸自殺，改立孫亮為太子。

二五一 司馬懿逝世。

二五二　孫權病逝，享年七十一歲。
孫亮即位（年僅十歲）。

二五三　姜維率數萬攻擊魏國狄道，因缺糧而還。
孫峻殺死諸葛恪。

二五四　司馬氏認為曹芳圖謀不軌，於是廢掉他，另立曹髦為帝。

二五五　司馬昭任大將軍。

二五六　蜀姜維與魏鄧艾戰於段谷，被鄧艾擊敗，士卒死傷慘重，
蜀國人民怨恨姜維。

二五七　魏諸葛誕與孫吳聯合起兵反魏，被司馬昭圍於壽春。
姜維攻魏，鄧艾堅守不戰。

二五八　魏軍攻破壽春，斬諸葛誕。
司馬昭昇為相國，封晉公。
吳帝孫亮欲殺孫琳，事洩，孫琳廢之，另立孫休為帝。

二六〇　曹髦不能忍受司馬昭專權，率少數親信討逆，被賈充等殺死。
曹璜（曹奐）繼位，年十五歲。

二六二 蜀姜維攻魏洮陽，為鄧艾所敗，退駐沓中。

二六三 魏鍾會、鄧艾等率大軍攻蜀，鄧艾破綿竹，直侵成都，蜀主劉禪出降，蜀亡。

二六四 魏帝下令逮捕鄧艾。

鍾會謀反，連同姜維被魏軍斬殺。

鄧艾被衛瓘所殺。

吳孫皓繼位，年二十三歲。

二六五 司馬昭逝世，享年五十五歲。

司馬炎篡魏立晉。

魏國滅亡。

二七四 陸抗逝世，享年四十九歲。

二八〇 晉攻吳，孫皓出降，吳國滅亡，晉司馬炎統一天下，三國時代結束。

史地傳記類　PC0149

私說三國人物
——性格決定命運

作　　者 / 涂成吉
責任編輯 / 林千惠
圖文排版 / 陳宛鈴
封面設計 / 王嵩賀

發 行 人 / 宋政坤
法律顧問 / 毛國樑　律師
印製出版 / 秀威資訊科技股份有限公司
114台北市內湖區瑞光路76巷65號1樓
電話：+886-2-2796-3638　傳真：+886-2-2796-1377
http://www.showwe.com.tw
劃撥帳號 / 19563868　戶名：秀威資訊科技股份有限公司
讀者服務信箱：service@showwe.com.tw
展售門市 / 國家書店（松江門市）
104台北市中山區松江路209號1樓
電話：+886-2-2518-0207　傳真：+886-2-2518-0778
網路訂購 / 秀威網路書店：http://www.bodbooks.tw
國家網路書店：http://www.govbooks.com.tw
圖書經銷 / 紅螞蟻圖書有限公司
114台北市內湖區舊宗路二段121巷28、32號4樓
電話：+886-2-2795-3656　傳真：+886-2-2795-4100

2011年05月BOD一版
定價：290元

國家圖書館出版品預行編目

私說三國人物：性格決定命運 / 涂成吉著. --
一版.-- 臺北市 : 秀威資訊科技, 2011.05
面； 公分. -- (史地傳記類 ; PC0149)
BOD版
ISBN 978-986-221-730-6(平裝)

1. 傳記 2. 三國 3. 中國

782.123 100004519

讀者回函卡

感謝您購買本書，為提升服務品質，請填妥以下資料，將讀者回函卡直接寄回或傳真本公司，收到您的寶貴意見後，我們會收藏記錄及檢討，謝謝！

如您需要了解本公司最新出版書目、購書優惠或企劃活動，歡迎您上網查詢或下載相關資料：http:// www.showwe.com.tw

您購買的書名：________________________

出生日期：________年________月________日

學歷：□高中（含）以下　□大專　□研究所（含）以上

職業：□製造業　□金融業　□資訊業　□軍警　□傳播業　□自由業
　　　□服務業　□公務員　□教職　□學生　□家管　□其它____

購書地點：□網路書店　□實體書店　□書展　□郵購　□贈閱　□其他

您從何得知本書的消息？

□網路書店　□實體書店　□網路搜尋　□電子報　□書訊　□雜誌
□傳播媒體　□親友推薦　□網站推薦　□部落格　□其他________

您對本書的評價：（請填代號　1.非常滿意　2.滿意　3.尚可　4.再改進）

封面設計____　版面編排____　內容____　文／譯筆____　價格____

讀完書後您覺得：

□很有收穫　□有收穫　□收穫不多　□沒收穫

對我們的建議：________________________

____

____

____

請貼
郵票

11466
台北市内湖區瑞光路 76 巷 65 號 1 樓
秀威資訊科技股份有限公司 收
BOD 數位出版事業部

……………………………………………………………………………………

（請沿線對折寄回，謝謝！）

姓　　名：＿＿＿＿＿＿＿＿ 年齡：＿＿＿＿ 性別：□女　□男

郵遞區號：□□□□□

地　　址：＿＿＿＿＿＿＿＿＿＿＿＿＿＿＿＿＿＿＿＿

聯絡電話：(日) ＿＿＿＿＿＿＿＿ (夜) ＿＿＿＿＿＿＿＿

E-mail：＿＿＿＿＿＿＿＿＿＿＿＿＿＿＿＿＿＿＿＿